발행일 2008년 4월 7일

지은이 • 김득순
펴낸이 • 박준기
펴낸곳 • 도서출판 새날
주소 • 서울시 금천구 가산동 550-1 롯데 IT 캐슬 2동 1206호
전화 • 02) 884-8459(대표)
팩스 • 02) 884-8462

• 이 책의 저작권은 필자와의 독점계약에 의해 본사가 소유하고 있으므로 무단복제와 기타 불법행위를 금합니다.

• 잘못된 책은 바꿔 드립니다.
ISBN 978-89-85726-73-3 43170

값 8,000원

논리에 대한 모든 것

김득순 지음

새날

■ 머리말

 반복되는 이야기지만 논리학이란 한마디로 사유의 형식과 법칙을 연구하는 학문이다.
 우리 인간에게 육체의 양식이 밥이라면, 정신의 자양분은 사유이다. 본문에서는 '사고'나 '생각'이라는 단어와 혼용했는데, 사유에는 나름대로 형식과 법칙이 있다. 이 사유의 형식과 법칙을 다루는 학문이 바로 논리학(형식논리학을 말함)이다. 이런 점에서 논리학은 매우 중요한 학문이다.
 그런데 국내에서 졸저 『이야기 속의 논리학』이 출간된 이래 대중 논리 서적들이 꾸준히 읽힌다는 소식을 들었다. 이런 현상이 독자들의 논리적 사고력 함양에 보탬이 되리라는 기대와 함께 약간의 부작용을 우려하며 몇 마디 덧붙이고자 한다.
 첫째, 앞에서도 말했듯이 논리학이란 사유의 형식과 법칙을 연구하는 것이므로, 올바른 사유의 내용이 전제되지 않으면 형식이 아무리 옳아도 소용없다는 사실이다. 따라서 올바른 사유의 형식과 올바른 사유의 내용이 갖추어지도록 노력해야 한다. 그러기 위해서 세계관에 관한 학문인 철학 서적에 대한 독서가 요구된다.
 둘째, 논리 서적 몇 권을 읽고, 관련 지식을 암기하는 것만으로 논리적 사고가 완성되는 것은 아니다. 논리적 사고력을 기르기 위해서는 논리 지식을 기본으로 하여 끊임없이 사고하고 실천해야 한다. 실천한 이후에는 항상 반성과 검토를 되풀이함으로써, 논리적 사고력이 몸에 배게끔 한다.

이러한 생각에서 필자는 『이야기 속의 논리학』에 이은 몇 권의 책을 더 출판하기로 했다. 이 책도 바로 그 중 하나다.

이 책은 『이야기 속의 논리학』을 읽은 후 복습하는 의미로, 또는 한 단계 높은 논리 지식을 탐구하는 의미로 읽으면 좋을 것이다. 특히 이 책에는 중요한 논리 개념들이 문답식 형태로 상세하게 설명되어 있고, 풍부한 연습문제가 수록되어 있으므로 각종 수험서로도 좋으리라 판단된다.

이 책과 더불어 『이야기 속의 철학』은 논리학습에 들어가기 전에 읽으면 논리의 이해에 큰 도움을 줄 것이며, 재미있고 유익하며 효율적인 독서가 될 수 있으리라 믿는다.

짧은 지식에도 불구하고 분에 넘치게 여러 종류의 책을 내놓게 되었다. 거의 한평생을 철학과 논리학 연구에 전념해 온 필자 개인으로서 이 책들이 고국의 독자들에게 소개됨을 큰 영광으로 여긴다. 다양한 비판과 조언을 바탕으로 장차 더 좋은 책을 낼 수 있기를 바라는 마음이다.

중국에서
지은이

차례

머리말 5

제1장 논리학의 대상
1. 논리학이란 무엇인가? 13
2. 논리학을 공부하는 의의는 무엇인가? 15

제2장 개 념
1. 개념이란 무엇인가? 19
2. 개념의 내포와 외연이란 무엇인가? 20
3. 단독개념과 일반개념이란 무엇인가? 21
4. 집합개념과 개체개념이란 무엇인가? 22
5. 대상개념과 속성개념이란 무엇인가? 24
6. 정개념과 부개념이란 무엇인가? 24
7. 상대개념과 절대개념이란 무엇인가? 25
8. 개념과 개념간에는 어떤 관계들이 있는가? 26
9. 유개념이란 무엇이고 종개념이란 무엇인가? 30
10. 개념의 내포와 외연의 반비례법칙이란 무엇인가? 31
11. 개념의 한정이란 무엇이며, 어떻게 개념의 한정을 진행시키는가? 34
12. 개념의 개괄이란 무엇이며, 어떻게 개념의 개괄을 진행시키는가? 36
13. 정의란 무엇인가? 38
14. 유개념에 종차를 가하는 정의방법이란 무엇인가? 39
15. 정의에는 어떤 규칙들이 있는가? 41
16. 구분이란? 구분에는 몇 가지 방법이 있는가? 44
17. 구분할 때 어떤 규칙들을 준수해야 하는가? 45

연습문제 48

제3장 판 단

1. 판단이란 무엇인가? 57
2. 판단과 문장 사이에는 어떤 관계가 있는가? 58
3. 판단에는 어떤 종류들이 있는가? 60
4. 정언판단이란? 정언판단에는 어떤 종류가 있는가? 61
5. 정언판단 A, E, I, O 간의 진위관계는 어떠한가? 63
6. 정언판단의 주어와 술어의 주연 정황은 어떠한가? 67
7. 관계판단이란? 관계판단은 어떻게 구성되는가? 69
8. 관계판단 중 '관계'에는 어떤 논리적 특성들이 있는가? 70
9. 조건판단이란 무엇인가? 73
10. 충분조건의 조건판단이란 무엇인가? 75
11. 필요조건의 조건판단이란 무엇인가? 76
12. 필요충분조건의 조건판단이란 무엇인가? 77
13. 선언판단이란? 선언판단에는 어떤 유형들이 있는가? 78
14. 연언판단이란 무엇인가? 81
15. 부판단이란? 부판단과 정언판단의 부정판단은 어떤 차이가 있는가? 83
16. 선천적 판단이란? 선천적 판단에는 어떤 것들이 있는가? 84
17. 선천적 판단간의 진위관계는 어떠한가? 86
    연습문제 89

제4장 연역추리

1. 추리란? 추리에는 어떤 종류들이 있는가? 99
2. 논리에 맞게 추리를 하려면 어떤 점에 주의해야 하는가? 100
3. 환질법이란? 어떻게 환질법 추리를 진행시키는가? 102
4. 환위법이란? 어떻게 환위법 추리를 진행시키는가? 103
5. 환질환위법이란? 어떻게 환질환위법 추리를 진행시키는가? 104
6. 판단의 대당관계에 의한 직접추리에는 어떤 종류들이 있는가? 106
7. 역관계란 무엇인가? 107
8. 삼단논법이란? 삼단논법의 구조는 어떠한가? 108
9. 삼단논법의 공리란 무엇인가? 109

10. 삼단논법의 규칙들에는 어떠한 것들이 있는가? 112
11. 삼단논법의 격이란? 삼단논법의 격에는 어떤 것들이 있는가? 119
12. 삼단논법의 식이란 무엇이며, 어떻게 삼단논법의 정확한 식을 선택하는가? 124
13. 생략삼단논법이란 무엇이며, 어떻게 그것을 완전한 삼단논법으로 회복시키는가? 128
14. 복합삼단논법이란? 복합삼단논법에는 어떤 형식들이 있는가? 131
15. 복합생략 삼단논법의 연쇄식이란 무엇인가? 134
16. 복합생략 삼단논법의 대증식이란 무엇인가? 137
17. 관계추리란? 관계추리에는 어떤 유형들이 있는가? 140
18. 조건추리란 무엇이며, 충분조건의 조건추리란 무엇인가? 144
19. 필요조건의 조건추리란 무엇인가? 147
20. 필요충분조건의 조건추리란 무엇인가? 149
21. 선언추리란? 선언추리에는 어떤 형식들이 있는가? 152
22. 연언추리란? 연언추리에는 어떤 형식들이 있는가? 156
23. 양도추리란? 양도추리에는 어떤 형식들이 있는가? 157
연습문제 163

제5장 귀납추리

1. 귀납추리란 무엇인가? 185
2. 완전귀납추리란 무엇인가? 186
3. 통계적(통속적) 귀납추리란 무엇인가? 187
4. 인과적(과학적) 귀납추리란 무엇인가? 189
5. 일치법이란? 어떻게 일치법을 이용하여 인과적 연관을 판명하는가? 192
6. 차이법이란? 어떻게 차이법을 이용하여 인과적 연관을 판명하는가? 194
7. 일치・차이병용법이란? 어떻게 일치・차이병용법을 이용하여 인과적 연관을 판명하는가? 195
8. 공변법이란? 어떻게 공변법을 이용하여 인과적 연관을 판명하는가? 197
9. 잉여법이란? 어떻게 잉여법을 이용하여 인과적 연관을 판명하는가? 199
10. 유비추리란? 유비추리는 어떤 의의를 가지고 있는가? 201
11. 가설이란 무엇인가? 204

12. 가설에는 어떤 단계들이 있는가? 205
  연습문제 207

■제6장 형식논리학의 기본법칙

  1. 동일률이란 무엇인가? 215
  2. 동일률을 위반하는 논리적 오류에는 어떤 것들이 있는가? 216
  3. 모순율이란 무엇인가? 218
  4. 모순율을 위반하는 논리적 오류에는 어떤 것들이 있는가? 219
  5. 배중률이란 무엇이며, 배중률을 위반하는 오류는 무엇인가? 222
  6. 동일률, 모순율, 배중률간의 관계는 어떠한가? 224
  7. 충족이유율이란 무엇인가? 226
  8. 충족이유율을 위반하는 오류에는 어떤 것들이 있는가? 227
  연습문제 229

■제7장 논증과 논박

  1. 논증이란 무엇이며 논증의 구조는 어떠한가? 241
  2. 논증은 추리와 어떤 관계를 가지고 있는가? 242
  3. 논증은 어떤 역할을 하는가? 243
  4. 귀납적 논증이란 무엇인가? 244
  5. 연역적 논증이란 무엇인가? 245
  6. 직접적 논증이란 무엇이고, 간접적 논증이란 무엇인가? 246
  7. 논증은 어떤 규칙들을 지켜야 하는가? 249
  8. 논박이란 무엇이며, 논박의 방법에는 어떤 것들이 있는가? 252
  9. 변호란 무엇이며, 궤변이란 무엇인가? 256
  연습문제 260

제1장
논리학의 대상

1. 논리학이란 무엇인가?

논리학이란 사유의 형식과 법칙을 연구하는 과학이다.

사유형식이란 여러 가지 유형의 판단, 추리의 각 구성부분의 연결방식을 말한다.

판단을 예로 들어 보자.

· 모든 소설은 문학작품이다.
· 모든 사람은 죽는다.
· 모든 물체는 변화한다.

이 세 가지 판단의 구체적 내용은 각기 다르나 연결방식을 보면 공통점이 있다. 말하자면 이 세 가지 판단의 주사(주어) 개념과 빈사(술어) 개념은 다 같은 방식으로 연결되어 있다.

형식논리학에서는 보통 'S'로 주어개념을 표시하고 'P'로 술어 개념을 표시한다.

위의 세 판단의 사유형식은 다음과 같다.

· 모든 S는 P다.

추리를 예로 들어 보자.

(1) · 모든 자연과학은 중립적이다.
　　 · 모든 물리학은 자연과학이다.
　　 · 그러므로 모든 물리학은 중립적이다.
(2) · 모든 사회과학은 사회현상을 연구한다.

　　　　· 모든 역사학은 사회과학이다.
　　　　· 그러므로 모든 역사학은 사회현상을 연구한다.
　(3)　· 모든 사물은 인식될 수 있다.
　　　　· 모든 원소는 사물이다.
　　　　· 그러므로 모든 원소는 인식될 수 있다.

　이 세 가지 추리는 구체적 내용은 각기 다르지만 연결방식을 보면 공통점이 있다.
　형식논리학에서는 보통 'S'로 결론의 주어를 나타나는 개념을 표시하고, 'P'로 결론의 술어를 나타나는 개념을 표시하며, 'M'으로 결론에는 나타나지 않으나 두 전제에 공통적으로 들어 있으면서 매개 역할을 하는 개념을 표시한다.
　위의 세 가지 추리의 사유형식은 다음과 같다.

　　　· 모든 M은 P다.
　　　· 모든 S는 M이다.
　　　―――――――――――――
　　　· 그러므로 모든 S는 P다.

　이와 같이 형식논리학은 판단이나 추리의 구체적 내용을 연구하는 것이 아니라 판단이나 추리의 사유형식을 연구하는 것이다. 즉 판단에서의 개념의 연결방식, 추리에서의 판단의 연결방식, 그리고 더욱 복잡한 사유에서의 개념, 판단, 추리의 연결방식 등을 연구하는 것이다.
　형식논리학은 또 사유의 법칙을 연구한다.
　인간의 사유 및 그 활동과정은 아주 복잡한 것이므로 사유형식도 아주 복잡하다. 하지만 인간의 사유가 객관 사물을 제대로 반영하려면 반드시 일정한 법칙을 지켜야 한다. 형식논리학은 사유의 형식을 연구하는 동시에 또 그것을 지배하는 사유의 법칙도 연구한다. 이러한 법칙으로는 동일률, 모순율, 배중률, 충족이유율 등이 있다. 이러한 법칙들을 지켜야만 인간의 사유는 확정성, 일관성, 명확성, 논증성을 갖추어 논리적 요구에 도달할 수 있다.

형식논리학은 주로 사유의 형식 및 그 법칙을 연구하는 외에 또 정의, 구분, 분석, 종합, 추상, 개괄과 같은 단순한 논리적 방법도 연구한다.

상술한 것을 종합하여 형식논리학을 다음과 같이 정의할 수 있다. 형식논리학은 사유의 형식 및 그 법칙과 단순한 논리적 방법을 연구하는 과학이다.

2. 논리학을 공부하는 의의는 무엇인가?

논리학의 기본지식을 배우고 파악하는 것은, 사유능력을 높이고 논리적 논증의 힘을 강화하여 과학문화 수준을 높이는 데 있어서 아주 중요한 의의를 갖고 있다.

구체적으로 세 가지로 요약할 수 있다.

첫째, 논리학을 공부하면 새로운 지식을 탐구하는 데 필요한 논리적 도구를 장악할 수 있다.

논리학을 공부하고 숙지하게 되면 개념, 판단, 추리 등 여러 가지 논리적 형식과 논리적 방법의 법칙, 규칙들을 정확히 적용하여 새로운 지식을 도출해 낼 수 있다.

예를 들면 독일의 괴테는 당시 유행되고 있던 '사람에게는 앞니뼈가 없다'는 주장을 반대하고 진화론의 관점에 입각하여 다음과 같이 확신했다.

- · 모든 포유동물은 앞니뼈가 있다.
- · 사람은 포유동물이다.
- · 그러므로 사람은 앞니뼈가 있다.

그는 이 논리적 추리에 근거하여 여러 해 동안의 연구를 거쳐 끝내 자신의 결론을 실증했다. 이미 알고 있는 그리고 실천에 의하여 정확하다고 검증된 전제로부터 이와 필연적 연관이 있는 새로운 지식을 어떻게 정확히 도출할 것인가 하는 것을 연구하는 것이 논리학의 주요한 과제다.

둘째, 논리학을 공부하면 조리있고 설득력이 강한 글을 쓰거나 말할 수 있는 '논리의 힘'을 얻게 된다.

명 연설가들의 연설은 바로 모든 청중이 수긍하지 않을 수 없는 질서정연한 논리를 가지고 청중들을 감동시킴으로써 그들을 사로잡는다. 논리학 지식이 있어야 논리적 법칙에 맞게 생각을 정식화하고 논증할 수 있으며, 또한 개념을 명확히 하고 판단을 옳게 할 수 있다. 나아가 추리를 논리에 맞게 전개하여 요점이 명확하고 조리가 있고 결론이 확실하고 설득력이 강한 글을 쓰거나 말을 할 수 있다.

셋째, 논리학을 공부하면 궤변을 확실하게 논박할 수 있다.

궤변이란 논리학적으로 말하면 바로 논리학의 법칙을 고의적으로 위반한 것이다. 그러므로 궤변을 폭로하고 비판함에 있어서 우선 이론적으로 궤변의 실체를 밝혀 내야 하는 동시에 또 논리적 도구를 적용하여 궤변의 논리적 오류도 밝혀 놓아야 한다. 논리학은 진리를 수호하고 궤변을 폭로·비판하는 훌륭한 수단이다.

제2장
개 념

1. 개념이란 무엇인가?

개념이란 사물의 특유한 속성을 반영하는 사유의 형식이다.

세상에 존재하는 무수히 많은 사물들은 각기 자체의 형태, 색깔, 냄새, 동작 및 기타 복잡한 운동형태를 가지고 있는데, 이런 것들은 바로 그 사물의 성격이다. 모든 사물은 이런 성격을 가지고 있는 외에 또 다른 사물과 상하, 좌우, 고저, 선후, 친척, 매매, 교환과 같은 관계도 가지고 있다. 사물의 이런 성격과 관계를 통털어 사물의 속성이라고 한다.

사물의 속성에는 본질적 속성과 비본질적 속성이 있다.

본질적 속성은 한 유(類)의 사물만이 반드시 가지고 있고 다른 유의 사물은 가지고 있지 않은 속성이다. 예를 들면 '사람'은 '생산도구를 제작하고 사용할 수 있는' 속성을 가지고 있다. 이런 속성은 사람에게만 있고 다른 동물에게는 없다. 그러므로 이것은 '사람'의 본질적 속성이다.

비본질적 속성은 한 유의 사물만이 가지고 있는 것이 아니라 다른 유의 사물도 가지고 있는 속성이다. 예를 들면 '사람'은 '성별, 팔다리, 눈, 감각능력' 등의 속성을 가지고 있다. 그런데 이런 속성은 사람만 가지고 있는 것이 아니라 다른 동물도 가지고 있다. 그러므로 이것은 '사람'의 비본질적 속성이다.

개념은 사물의 본질적 속성에 대한 반영이므로 사람들이 사물을 인식하는 가운데 분석, 종합, 비교, 추상, 개괄 등의 논리적 방법을 적용하여 사물의 비본질적 속성을 버리고 사물의 본질적 속성을 인식했을 때 비로소 형성된다. 그러므로 개념은 감각, 지각, 표상과는 질적인 차이를 가지고 있으며 이성적 인식단계에 속한다.

개념은 고정불변하는 것이 아니다. 객관사물이 끊임없이 변화 발전하므로 객관사물에 대한 사람들의 인식도 끊임없이 변화 발전한다. 그러므로 사물을 반영하는 개념도 변화 발전한다.

개념은 인간의 인식과정에서 중요한 의의를 가지고 있다. 개념은 사유의 출발점이며 기본단위다. 사람들은 우선 그 사물에 관한 개념을 가지고 있어야만 그 사물에 관한 판단, 추리와 논증을 할 수 있다. 추리와 논증은 판단에 의하여 구성되고 판단은 또 개념에 의하여 구성된다. 개념이 없으면 판단과 추리를 할 수 없으며 인간이 인식한 내용을 정리해 낼 수 없다. 그러므로 언제나 개념을 명확히 하고 논리적 오류가 없도록 유의해야 한다.

2. 개념의 내포와 외연이란 무엇인가?

내포와 외연은 개념을 구성하는 두 가지 주요한 측면이다. 사유의 대상은 언제나 속성을 가지고 있는 사물이며 또 속성은 언제나 대상의 속성이다. 그러므로 개념은 대상의 특유한 속성을 반영하는 동시에 이런 특유한 속성을 가지고 있는 대상도 반영한다. 이리하여 개념에서의 내포와 외연이라는 두 측면이 이루어진다.

개념의 내포란 개념이 반영하고 있는 대상의 특유한 속성을 말한다. 예를 들면 '사람'이라는 개념의 내포는 사람의 특유한 속성 즉 '생산도구를 제작하고 사용할 수 있는 동물'이라는 것이다.

개념의 외연이란 개념이 반영하고 있는 대상의 범위를 말한다. 예를 들면 '사람이라는 개념의 외연은 사람의 특유한 속성을 가지고 있는 대상의 범위 즉 모든 개별적인 사람들'이다.

개념에는 진실한 개념과 허위적인 개념이 있다. 객관적으로 존재하는 대상을 반영한, 진실한 개념은 모두 내포와 외연을 가지고 있다. 객관 세계에 존재할 수 없는 것을 반영한, 즉 현실에 대한 왜곡된 반영인 허위적인 개념은 내포는 가지고 있지만 외연은 가지고 있지 않다.

예를 들면 '귀신'이라는 허위적인 개념은 '사람이 죽은 뒤에 존재한다는 넋'이라는 내포는 가지고 있지만, 외연은 가지고 있지 않다. 왜냐하면 '귀신', '천당', '저승'과 같은 허위적 개념들은 객관 세계에 상응한 대상이 존재하지 않기 때문이다.

개념의 내포와 외연은 고정불변하는 것이 아니다. 객관 사물의 변화 발전에 따라, 객관 사물에 대한 사람들의 인식의 변화 발전에 따라 개념의 내포와 외연도 끊임없이 변화하게 된다.

개념의 내포와 외연을 명확히 하는 것은 개념을 명확히 하고 사물을 정확히 인식함에 있어서 중요한 의의를 가진다. 명확한 개념이 없으면 올바른 판단을 내릴 수 없으며 논리적인 추리도 할 수 없다. 그런데 개념을 명확히 하려면 반드시 개념의 내포와 외연을 명확히 해야 한다.

3. 단독개념과 일반개념이란 무엇인가?

개념이 반영하고 있는 대상의 수의 차이에 따라 개념을 단독개념(개별개념이라고도 한다)과 일반개념으로 나눈다.

단독개념이란 어떤 단독 사물을 나타내는 개념을 말한다. 다시 말하면 단독개념의 외연은 하나뿐이다. 예를 들면 '서울대학교', '이순신', '한강' 등은 모두 단독개념이다.

일반개념이란 한 유의 대상을 반영하는 개념을 말한다. 다시 말하면 일반개념의 외연은 두 개 혹은 두 개 이상의 대상으로 구성된다. 예를 들면 '예술가', '학교', '한국 도시' 등은 모두 일반개념이다. 왜냐하면 '예술가'의 외연에는 적어도 '음악가', '미술가' 등이 있고, '학교'의 외연에는 '국민학교', '중학교', '고등학교', '대학교' 등이 있고, '한국 도시'의 외연에는 '서울', '부산', '인천' 등이 있기 때문이다.

일반개념에는 두 가지가 있는데, 하나는 유한한 일반개념이고 다른 하나는 무한한 일반개념이다.

유한한 일반개념이란 '세계의 국가', '인천시의 인구' 등과 같이 외연에 포괄되는 대상의 수를 계산할 수 있는 일반개념을 말한다.

무한한 일반개념이란 '대기층의 수소분자 수', '모래알' 등과 같이 외연에 포괄되는 대상의 수를 계산할 수 없는 일반개념을 말한다.

4. 집합개념과 개체개념이란 무엇인가?

개념이 반영하고 있는 대상이 집합체인가 집합체가 아닌가에 근거하여 개념을 집합개념과 개체개념(개별개념이라고도 한다)으로 나눈다.

집합개념이란 많은 개별적 대상들의 집합체를 하나의 대상으로서 반영하는 개념이다. 예를 들면 '삼림', '인류', '산맥' 등이다.

개체 개념이란 대상의 비집합체를 반영하는 개념이다. 예를 들면 '나무', '인간', '산' 등이다.

집합개념과 개체개념을 혼동해서는 안 된다. 그러자면 우선 집합체란 무엇인가를 똑똑히 알아야 한다. 집합체란 동일한 유의 수많은 개체로 구성된 통일체를 말한다. 예를 들면 '삼림'은 수많은 나무로 구성된 집합체이며, '인류'는 일정한 수의 인간으로 구성된 집합체이며, '산맥'은 많은 산으로 구성된 집합체다. 이러한 집합체를 반영한 것이 바로 집합개념이다.

집합체와 유는 구별되는 것이다. 유는 같은 속성을 가진 수많은 사물로 구성된다. 그러므로 같은 유에 속하는 각각의 사물은 모두 그 유의 사물들의 속성을 가진다. 예를 들면 '나무'류는 소나무, 버드나무, 사과나무 등 많은 요소들로 이루어졌으며, 소나무, 버드나무, 사과나무 등은 모두 '나무'류의 속성을 가지고 있다.

그러나 집합체는 동일한 유의 수많은 개체로 구성되어 있지만 그 개체가 그 집합체의 속성을 가지고 있는 것은 아니다. 예를 들면 '삼림'은 무수한 나무들로 구성되어 있는데 개개의 나무는 삼림의 속성을 가지고 있지 않는다. 어느 한 그루의 나무를 삼림이라고 부를 수는 없다.

집합개념의 외연은 집합개념 자체이고 집합체를 구성하는 개개의 사물이 아니다. 그러므로 집합개념의 외연은 하나다.

집합개념과 개체개념을 구별하는 것은 아주 중요하다. 만일 집합개념과 개체개념을 혼동한다면 사유과정에서 오류가 나타나게 된다. 특히 한 가지 단어가 집합개념으로 쓰일 수도 있고 개체개념으로 쓰일 수도 있을 때, 이것을 잘 구별하지 않으면 판단을 내리는 과정 즉 추리에 오류가 생길 수 있다. 예를 들면,

· 사람은 원숭이로부터 진화되어 왔다.
· 현배는 사람이다.
─────────────────────────────
· 그러므로 현배는 원숭이로부터 진화되어 왔다.

이 삼단논법의 추리는 잘못된 것이다. 대전제에서의 '사람'은

집합개념으로 쓰였고, 소전제에서의 '사람'은 개체개념으로 쓰였는데 양자를 혼동하여 추리했으므로 그 결론은 잘못된 것이다.

5. 대상개념과 속성개념이란 무엇인가?

개념이 반영하는 대상이 사물 자체인가, 사물의 어떤 속성인가에 따라 개념을 대상개념과 속성개념으로 구분한다.

대상개념이란 구체적 사물을 반영하는 개념이다. 예를 들면 '학생', '상품', '군인' 등이다.

속성개념이란 사물의 성질, 상태, 관계, 동작 등을 표시하는 개념이다. 예를 들면 '성실', '용기', '행복' 등이다.

속성개념은 구체적 사물과 연계되면 대상개념으로 변한다. 예를 들면 '성실한 학생', '용감한 군인', '행복한 가정' 등은 모두 대상개념이다.

언어면에서 대상개념은 일반적으로 단어 가운데 구체명사에 의하여 표현되고 속성개념은 단어 가운데 추상명사와 형용사에 의하여 표현된다.

6. 정개념과 부개념이란 무엇인가?

개념이 반영하는 것이 대상의 성질의 존재인가 아니면 비존재인가에 따라 개념을 정개념과 부(負)개념[『이야기 속의 논리학』 (1992, 새날)에서는 독자들의 이해를 돕기 위해 '긍정개념', '부정개념'과 혼용하여 표기했으나 엄밀하게 말하면 '정개념', '부개념'

이 정확하다]으로 구분한다.

정개념이란 어떤 성질의 존재를 나타내는 개념이다. 예를 들면 '성실한 학생', '민주주의', '건전' 등이다.

부개념이란 어떤 성질의 비존재(非存在)를 나타내는 개념이다. 예를 들면 '불성실한 학생', '비민주주의', '불건전' 등이다.

부개념의 내포와 외연을 명확히하려면 그것이 처해 있는 논역(論域)을 파악해야 한다. 왜냐하면 부개념은 언제나 특정한 범위를 상대로 하여 말하기 때문이다. 이런 특정한 범위를 논리학에서는 논역이라고 한다. 예를 들면 '불성실한 학생'이라는 부개념은 '학생'이라는 범위를 상대로 하여 말한 것으로서 성실성을 갖지 않은 모든 학생을 표시한다. 일정한 논역에서의 모든 대상은 어떤 성질을 갖고 있거나 어떤 성질을 갖고 있지 않을 뿐 다른 경우는 있을 수 없다. 그러므로 일정한 논역에서의 한 개념은 정개념이 아니면 부개념이다.

7. 상대개념과 절대개념이란 무엇인가?

개념이 반영하고 있는 것이 대상의 관계인가, 사물의 성질인가에 따라 개념을 상대개념과 절대개념으로 구분한다.

상대개념이란 대상의 관계를 반영한 개념이다. 예를 들면 '아버지'라는 개념은 아들 딸과의 혈연적 관계나 법률적 관계를 반영한 상대개념이다. 이와 같이 상대개념은 언제나 다른 한 개념을 상대로 하여 말하게 된다.

절대개념이란 대상의 성질을 반영한 개념이다. 예를 들면 '사람'이란 개념은 생산도구를 제작·사용하며 사유를 하고 언어를 사용하는 성질을 갖고 있는 동물을 반영한 것으로서 절대개념이다.
　어떤 개념이든 어떤 측면에서 보느냐에 따라 다른 몇 가지 종류에 속할 수 있다. 예를 들면 '한국의 학생'이란 개념은 단독개념이면서 또한 집합개념, 대상개념, 정개념, 절대개념이기도 하며, '자연과학'이란 개념은 일반개념이면서 또한 개체개념, 대상개념, 정개념, 상대개념이기도 하다.
　개념의 상이한 종류를 정확히 알면 개념의 여러 측면의 논리적 특성을 명확히 할 수 있어 개념을 더 잘 파악할 수 있다.

8. 개념과 개념간에는 어떤 관계들이 있는가?

　객관 세계에 존재하는 두 가지 또는 두 가지 이상의 대상간에는 언제나 여러 가지 관계가 있다. 그러므로 대상을 반영하는 각 개념간에도 다양한 관계가 있게 된다. 논리학은 개념간의 모든 관계를 연구하는 것이 아니라 다만 외연의 측면으로부터 개념간의 관계를 연구한다.
　두 개념간의 관계는 외연이 서로 합치되는가 합치되지 않는가에 따라 동일관계, 대소관계, 교차관계, 모순관계, 반대관계 등 다섯 가지로 구분된다.

동일관계
　동일관계란 내포는 서로 차이가 있지만 외연은 완전히 합치되는 두 개념간의 관계를 말한다. 만일 모든 A는 B이며 또 모든 B는 A일 때, A와 B의 관계는 동일관계다.

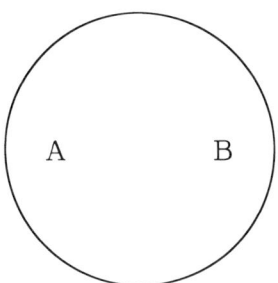

예를 들면 '서울'과 '한국의 수도'는 동일관계이며 '철학'과 '세계관에 관한 학문'은 역시 동일관계이다. 위의 그림에서 보는 바와 같이 A개념과 B개념의 외연은 완전히 합치된다.

대소관계
대소관계란 한 개념의 외연이 다른 개념의 외연 속에 완전히 포함되며 또 그 다른 개념의 외연의 일부분으로 되어 있는 두 개념 간의 관계를 말한다. 대소관계는 달리 종속관계라고도 한다.

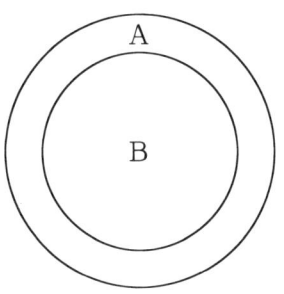

예를 들면 '학생'과 '고등학생'이라는 두 개념간의 관계는 대소관계다. 즉 '고등학생'은 '학생'의 일부분이므로 '고등학생'의 외연

전부가 '학생'의 외연 속에 완전히 포함되며, '고등학생'의 외연은 '학생'의 외연의 일부분이다. 대소관계를 그림으로 표시하면 위와 같다.

교차관계

교차관계란 두 개념의 외연의 일부분이 서로 합치되는 두 개념 간의 관계를 말한다.

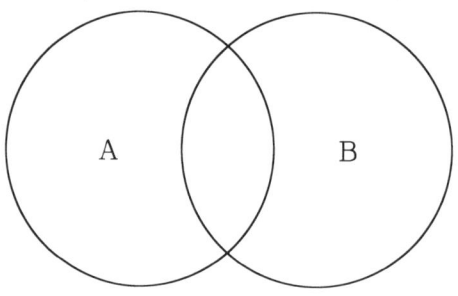

예를 들면 '여자'와 '학생'은 교차관계에 있는 두 개념이다. 즉 어떤 여자는 학생이고 어떤 여자는 학생이 아니다. 그리고 또 어떤 학생은 여자이고 어떤 학생은 여자가 아니다. 이 양자의 외연은 일부분이 서로 합치되기 때문에 두 개념간의 관계는 교차관계이다. 교차관계를 그림으로 표시하면 위와 같다.

A는 B에 교차되며 B는 A에 교차된다. A개념과 B개념이 교차관계를 가진다는 것은 A외연의 일부분과 B외연의 일부분은 동등하지만 다른 일부분은 다르다는 것을 의미한다.

모순관계

모순관계란 한 유개념에 속하는 두 종개념의 외연이 완전히 다르며 그들 외연을 합한 것이 그 유개념의 외연과 같을 때, 이 두 종개념간의 관계를 말한다. A와 B가 동일한 유개념에 종속되고, A와 B의 외연이 완전히 다르며, 그 외연을 합한 것이 그 유개념의 외연 전체와 같다면 A와 B는 모순관계를 이룬다.

예를 들면 '여자'와 '남자'라는 두 개념은 각기 다른 대상을 가리킨다. 그리고 여자와 남자를 합한 것이 그들의 가까운 유개념인 '사람'의 외연과 같다. 그러므로 이 두 개념간의 관계는 모순관계이다.

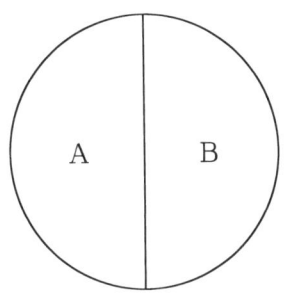

모순관계를 그림으로 표시하면 위의 그림과 같다. A, B의 두 부분은 모순관계에 있는 두 개념의 외연을 표시한다. 이 두 부분은 공통된 점이 없이 명확하게 구분되며 그 외연을 합한 것이 그 유개념의 외연과 동일하다.

일반적으로 말하면 모순관계에 있는 두 개념 중의 하나는 정개념이고 다른 하나는 부개념이다.

반대관계

반대관계란 한 유개념에 종속되는 두 종개념의 외연이 완전히 다르며 그 외연을 합한 것이 그 유개념의 외연보다 좁은 두 종개념간의 관계를 말한다.

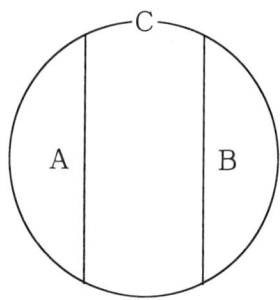

　예를 들면 '흰색'과 '검정색'이라는 두 개념간의 관계는 반대관계다. 즉, '흰색'과 '검정색'은 한 유개념에 속하는 두 종개념이다. 이 두 개념은 외연이 각기 다르며 양자의 외연을 합한 것이 그 유개념인 '색'의 외연보다 좁다. 색에는 흰색, 검정색 외에도 빨강색, 노랑색, 녹색 등 여러 가지 색이 더 있는 것이다. 반대관계를 그림으로 표시하면 위와 같다.
　A와 B의 두 부분은 반대관계에 있는 두 개념의 외연을 표시한다. 이 두 부분은 서로 다르며 그 외연을 합한 것이 그 유개념의 외연 전부보다 좁다.

9. 유개념이란 무엇이고 종개념이란 무엇인가?

　유개념이란 어떤 개념의 외연이 다른 개념의 외연보다 크고 그것을 포괄할 경우, 전자의 개념을 말한다. 종개념이란 어떤 공통된 특징을 갖는 집합적인 개념에 포함되는 개별의 개념을 말한다.

개념간의 대소관계에 있어서 개념 A의 외연이 개념 B의 외연보다 더 넓으며, B의 외연 전부를 포함하게 되는 경우에 A는 B의 상위개념이 되고, B는 A의 하위개념이 된다.

상위개념을 유개념이라 하고 하위개념을 종개념이라 한다.

예를 들면 '학생'과 '대학생'에서 '학생'은 '대학생'의 유개념이고 '대학생'은 '학생'의 종개념이다.

유개념과 종개념간의 관계는 상대적이다. 즉, 동일한 개념을 상위개념과의 관계에서 보면 그것은 종개념이 되지만 하위개념과의 관계에서 보면 그것은 유개념이 된다.

예를 들면 '대학생'은 상위개념인 '학생'과의 관계에서 보면 종개념이지만, '대학생'의 하위개념인 '의과대학생'과의 관계에서 보면 그것은 유개념이다. 즉,

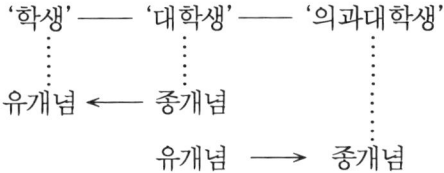

10. 개념의 내포와 외연의 반비례법칙이란 무엇인가?

사물에는 속성이 많은 것도 있고 적은 것도 있으며, 사물의 범위에는 넓은 것도 있고 좁은 것도 있다. 이런 것이 개념에 반영되어 개념의 내포에는 많고 적은 차이가 생기게 되고, 또 개념의 외연에는 넓고 좁은 차이가 생기게 된다. 이런 관계는 동일한 유의 두 개념 중에서 표현된다.

예를 들면 '고등학교 선생님'이란 개념의 내포는 '선생님'이란 개념의 내포보다 더 많다. 즉, 고등학교 선생님은 선생님이 가지고 있는 모든 속성 외에 또 자기의 특유한 속성을 더 가지고 있다. '선생님'은 학교에서 학생들을 가르치는 사람이라는 속성을 가지고 있다. 그런데 '고등학교 선생님'은 선생님이 가지고 있는 속성 외에 또 고등학교의 선생님이란 속성을 더 가지고 있다. 그러므로 '고등학교 선생님'의 내포는 '선생님'의 내포보다 더 많다. 개념의 외연의 측면에서 보면 '선생님'이라는 개념의 외연은 '고등학교 선생님'이란 개념의 외연보다 더 넓다. '선생님'은 '고등학교 선생님' 외에도 국민학교 선생님, 대학교 교수님 등을 더 포괄하고 있다.

이로부터 알 수 있듯이 동일한 부류의 대상들을 반영하는 개념들간에는 내포의 다소와 외연의 대소가 서로 반비례적 관계를 이루고 있다. 다시 말하면 동일한 부류를 반영하고 있는 개념 A와 B가 있을 때 A의 내포가 B의 내포보다 많다면, A의 외연은 B의 외연보다 작아지게 되며, A의 내포가 B의 내포보다 적다면 A의 외연은 B의 외연보다 커지게 된다. 이것이 바로 개념의 내포와 외연의 반비례법칙이다.

개념의 내포와 외연의 반비례법칙은 다만 수량상에서의 내포와 외연의 상응된 변화의 방향을 표시할 뿐이지, 엄격한 수학법칙처럼 내포 속에 몇 개의 속성이 증가(혹은 감소)하면 그에 따라 외연 가운데 몇 개의 대상이 감소(혹은 증가)한다는 법칙은 아니다.

개념의 이런 반비례적 관계를 다음과 같은 그림으로 표시할 수 있다.

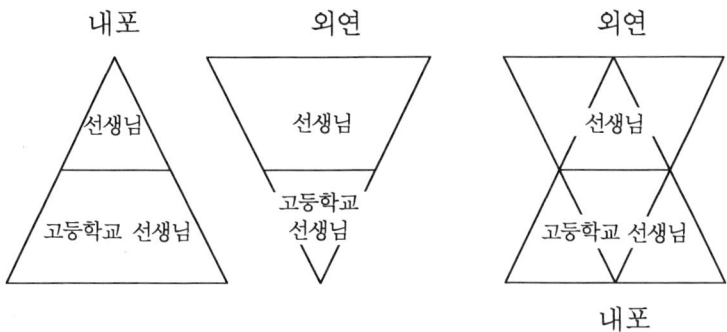

  개념의 내포와 외연은 상호 긴밀히 연관되어 있으며 상호 제약한다. 개념의 내포가 확정되어 있다면 일정한 조건하에서 개념의 외연도 잇달아 확정된다. 마찬가지로 개념의 외연이 확정되었다면 일정한 조건하에서 개념의 내포도 잇달아 확정된다. 이와 같이 개념의 내포와 외연은 상호 의존하며 상호 제약한다.
  그러나 개념의 내포와 외연은 영원히 변하지 않는 것이 아니다. 객관 사물의 발전, 변화와 인간 인식의 발전, 심화에 따라 개념의 내포와 외연에도 상응한 변화가 일어나게 된다. 하지만 개념은 일정한 역사적 조건하에서 자체의 확정적인 내포와 외연을 가지고 있으므로 혼동해서는 안 된다.
  객관 사물의 발전과 인간 인식의 심화에 따라 변화가 생긴다는 것은 개념의 가변성이고, 일정한 역사적 조건하에서 자체의 확정적인 내포와 외연을 가진다는 것은 개념의 확정성이다. 모든 개념은 다 확정성과 가변성의 통일이다.
  개념을 고정불변한 것으로 보면서 개념의 영활성을 부인하면 형이상학에 빠지게 되며, 개념의 내용과 적용 범위를 제멋대로 변화시키면서 개념의 확정성을 부인하면 궤변론에 빠지게 된다.

11. 개념의 한정이란 무엇이며, 어떻게 개념의 한정을 진행시키는가?

개념의 한정이란 개념의 의의를 좁히기 위해 속성을 부가하는 일, 즉 내포를 크게 하고 외연을 좁게 하는 논리적 방법이다. 다시 말하면 개념의 내포를 증가시켜 외연이 넓은 개념으로부터 좁은 개념으로, 유개념으로부터 종개념으로 이행하는 방법이다.

개념의 한정은 개념간의 내포와 외연의 반비례법칙에 따라 진행시킨다.

예를 들면 '문학'이라는 개념에 내포를 증가시켜 '근대'란 속성을 부가하면 '근대 문학'으로 한정된다. 그리고 '근대 문학'에 내포를 더 증가시켜 '한국'이란 속성을 부가하면 '한국 근대 문학'으로 한정된다. 이리하여 개념의 외연이 점차 축소된다.

위에서 예로 든 바와 같이 개념의 한정은 한 차례 진행시킬 수도 있고, 여러 차례 진행시킬 수도 있다.

개념의 한정은 다음과 같은 역할을 한다.

첫째, 자기가 표현하는 개념의 외연을 일정한 범위 내에 엄격히 한정함으로써 자기의 의사를 명확히 표현되게 한다.

예를 들어 "우리는 외국의 과학기술과 문화예술을 받아들여야 한다"고 해보자. 이 예에서 '과학기술'과 '문화예술'의 외연은 너무 넓다. '과학기술'에는 선진적인 것도 있고 후진적인 것도 있으며, '문화예술'에도 우수한 것도 있고 우수하지 못한 것도 있는데, 우리는 그것을 불문하고 다 받아들일 수는 없는 것이다. 그러므로 그것을 한정하여 "우리는 외국의 선진적인 과학기술과 우수한 문화예술을 받아들여야 한다"라고 해야 자기의 의사를 명확히 표현할 수 있다.

둘째, 개념의 외연 가운데 어느 한 부분이 특히 강조되게 한다.

예를 들어, "학생들은, 특히 고등학생들은 열심히 공부해야 한다"고 해보자. 이 말은 한정된 개념인 '고등학생'을 '학생'의 외연 가운데서 강조하여 강조된 개념에 더욱 명확한 인식을 갖도록 한다.

개념을 한정할 때 다음과 같은 점에 주의해야 한다.

첫째, 개념의 한정은 유개념과 종개념 사이에서만 진행되어야 한다. 다시 말하면 한정된 후의 개념은 반드시 한정되기 전 개념의 종개념이어야 한다.

예를 들면 '배우'와 '연극배우', '주택'과 '연립주택'은 각기 유개념과 종개념이며 각기 대소관계를 가지고 있다. 그러므로 그것들은 한정될 수 있었다. 그러나 만일 '체조배우'라든가 '음식주택'이라고 한다면 '배우'라는 개념의 외연 속에 '체조배우'라는 개념이 없고, '주택'이라는 개념의 외연 속에 '음식주택'이라는 개념이 없으며, 그것들 사이는 대소관계가 아니므로 이것은 잘못된 한정이다.

우리는 흔히 "젊은이들, 특히 여자들은 젊음의 건강미를 추구한다"는 식의 말을 들을 수 있다. 이런 식의 말은 개념의 한정에 문제가 있어 의사 표현이 혼란스럽게 되었다. '젊은이' 가운데 일부분이 '여자'이지 모든 '여자'가 다 '젊은이'는 아니며, 이 양자의 관계는 교차관계이지 대소관계가 아니다. 그러므로 이 말은 마땅히 "젊은이들, 특히 젊은 여자들은 젊음의 건강미를 추구한다"로 되어야 한다.

둘째, 단독개념은 한정할 수 없다. 왜냐하면 한정은 개념의 외연을 축소하는 것인데 단독개념은 외연을 축소할 수 없기 때문이다.

예를 들면 '인천', '남대문', '이순신' 등의 개념은 단독개념이 므로 그 외연을 축소할 수 없는 것이다.

12. 개념의 개괄이란 무엇이며, 어떻게 개념의 개괄을 진행시키는가?

개념의 개괄이란 개념의 내포를 감소시켜 개념의 외연을 확대하는 논리적 방법이다. 다시 말하면 외연이 좁은 개념으로부터 외연이 넓은 개념으로, 종개념으로부터 유개념으로 이행하는 방법이다.

개념의 개괄도 개념간의 내포와 외연의 반비례법칙에 따라 진행된다.

예를 들어 '한국 고전 예술'이란 개념에서 내포를 감소시켜 '한국'이란 속성을 제거하면 '고전 예술'로 개괄된다. 그리고 '고전 예술'에서 또 '고전'이란 속성을 제거하면 '예술'로 개괄된다. 이리하여 개념의 외연이 점차 확대된다.

위에서 예로 든 바와 같이 개념의 개괄은 한 차례만 진행할 수도 있고 여러 차례 진행할 수도 있다.

개념의 개괄은 다음과 같은 역할을 한다.

첫째, 구체적인 문제에 대한 인식을 원칙적인 고도의 인식으로 전화시킨다.

예를 들어, "무사안일만 지향하고 쾌락만 추구하는 것은 게으름뱅이의 생활태도다"라고 해보자. 이 예에서 '무사안일만 지향하고 쾌락만 추구하는 것'을 '게으름뱅이의 생활태도'로 개괄하여 '무사안일만 지향하고 쾌락만 추구하는'이라는 구체적인 문제에 대한 사람들의 인식을 더욱 높은 원칙적인 인식으로 이끌었다.

둘째, 논의하는 문제 혹은 사고하는 대상의 범위를 확대시킨다.

예를 들어, "식료품 가격을 마음대로 올려서는 안 되며 모든 상품 가격도 마음대로 올려서는 안 된다"라고 해보자. 이 예에서 '식료품'이란 개념의 내포를 감소시켜 '상품'이라는 개념에 이르게 함으로써 논의하는 문제의 범위를 확대했다.

개념을 개괄할 때 다음과 같은 점에 주의해야 한다.

첫째, 개념의 개괄은 유개념과 종개념 사이에만 진행되어야 한다. 다시 말하면 개괄된 후의 개념은 반드시 개괄되기 전의 개념의 유개념이어야 한다.

예를 들어 '노래는 문학의 일종이다', '대학교는 국영기업이다'라고 하는 것은 모두 잘못된 개괄이다. '노래'는 '문학'의 범위에 속하지 않으며 그것들은 대소관계가 아니다. '대학교'와 '국영기업'도 역시 대소관계가 아니다. 그러므로 이것은 잘못된 것이다.

둘째, 개괄할 때 그 정도가 적당해야 한다. 다시 말해 개괄된 후의 개념은 개괄되기 전의 개념과 거리가 너무 멀어서는 안 된다.

예를 들어, '연필은 객관적 물질이다'라고 한다면 그 개괄의 형식 자체는 틀린 것은 아니지만 그 거리가 너무 멀기 때문에 개괄의 의의를 상실했다.

우리는 남을 꾸짖거나 남의 결함을 지적할 때 특히 이 점에 주의해야 한다. 예를 들어 수업시간에 어떤 학생이 공부에 열중하지 않고 옆의 학생과 잡담을 했다고 하자. 이때 그 학생에게 개괄하여 '규율을 지키지 않는다'고 지적하는 것은 타당하지만 너무 멀게 개괄하여 '사회 질서를 파괴했다'고 한다면 적절하지 못한 것이다. 이렇게 하면 함부로 과장하는 그릇된 풍토를 초래할 수 있다.

셋째, 외연을 확대할 수 없는 개념, 즉 범주는 개괄할 수 없다. 범주는 일정한 영역의 가장 큰 유개념이기 때문에 더 이상 개괄을 진행할 수 없다.

예를 들면, '물질', '의식', '운동', '공간' 등과 같은 개념은 더 개괄할 수 없는 것이다.

13. 정의란 무엇인가?

정의란 개념의 내포를 밝히는 논리적 방법이다. 개념의 내포는 개념에 반영되는 대상의 특유한 속성이다. 그러므로 개념에 정의를 내리려면 그 개념의 내포, 즉 그 개념에 반영되는 대상의 본질적 속성을 밝혀야 한다.

예를 들면 '대학생은 대학교에서 공부하는 학생이다' '인간은 생산도구를 제작하고 사용할 수 있는 동물이다' 등은 모두 정의로서 '대학생', '인간'의 본질적 속성을 밝힌 것이다.

정의는 정의받는 개념, 정의하는 개념, 연결사 등 세 부분으로 구성되어 있다. 정의받는 개념이란 정의하려는 대상, 즉 내포를 밝히게 되는 개념이다. 정의하는 개념이란 정의받는 개념의 내포를 밝히는 데 쓰이는 개념이다. 정의받는 개념과 정의하는 개념은 연결사로 연결되어 정의를 구성하게 된다.

위에서 든 예에서 '대학생', '인간'은 모두 정의받는 개념이고, '대학교에서 공부하는 학생', '생산도구를 제작하고 사용할 수 있는 동물' 등은 정의하는 개념이며, '이다'는 연결사다.

정의는 인간의 사유과정에서 아주 중요한 역할을 한다.

첫째, 정의는 사람들의 인식성과를 정리하며 공고히 하는 중요한 방식의 하나다. 사람들은 대상을 구체적으로 인식한 후 바로 정의의 형식으로 그 인식을 정리하며 공고히한다.

둘째, 정의는 지식을 획득하며 전달하는 중요한 방법의 하나다. 어떤 과학 지식을 공부하려면 우선 그 과학의 기본개념을 명확히 해야 하는데, 그러려면 그 기본개념의 정의를 정확히 알아야 한다. 그리고 어떤 개념을 남에게 전달하려면 그 개념에 정의를 내려야 한다.

셋째, 정의는 개념이 명확한가를 검증하는 방법이기도 하다. 사용되는 개념이 명확한가를 검증하려면 그 개념에 정의를 내려보면 된다. 만약 그 개념에 정확한 정의를 내릴 수 있다면 그 개념이 명확하다는 것을 알 수 있고, 정확한 정의를 내릴 수 없다면 그 개념이 명확하지 못하다는 것을 알 수 있다.

14. 유개념에 종차를 가하는 정의방법이란 무엇인가?

유개념에 종차를 가하는 정의방법이란 바로 정의받는 개념의 최근류개념과 종차를 밝혀 정의를 내리는 방법이다.

유개념에 종차를 가하는 방법으로 정의를 내릴 때 우선 정의받는 개념의 최근류개념을 찾아내어 정의받는 개념이 어떤 유에 속하는가를 확정하게 되고, 그 다음에는 정의받는 개념의 종차를 찾게 된다.

종차란 정의받는 개념과 동일한 유개념에 속하는 기타 종개념간의 차이를 가리킨다. 종차는 실제로 정의받는 개념의 본질적 속성이다.

예를 들면 다음과 같다.

'형법'을 정의하려면 우선 그것의 최근류개념을 찾아야 한다. '형법'을 포괄하는 유개념 가운데 가장 가까운 유개념은 '법률'이다. 이로부터 '형법'은 '법률'에 속하는 하나의 종개념이라는 것이 확정된다. 그 다음 '형법'과 기타 '법률', 즉 민법, 상법, 국제법 등과의 종차를 밝힌다. 이리하여 우리는 '형법은 범죄 및 이를 범할 때에 가해지는 형벌을 규정한 법률이다'라는 정의를 내릴 수 있게 된다.

유개념에 종차를 가하는 정의방법을 공식으로 표시하면 다음과 같다.

정의받는 개념＝종차＋최근류개념

종차는 사물의 상이한 측면의 속성에 의하여 이루어질 수 있다. 즉, 어떤 종차는 대상의 성질일 수 있고, 어떤 종차는 대상의 발생 과정일 수 있으며, 어떤 종차는 그 대상과 다른 대상과의 관계일 수도 있다.

그러므로 정의에는 또 발생정의, 관계정의 등 논리적 방법이 있다.

발생정의는 유개념에 종차를 가하는 정의방법의 한 가지 특수한 형식이다. 발생정의의 구조는 유개념에 종차를 가하는 정의방법의 구조와 같은데, 다른 점이라면 발생정의의 종차가 대상의 발생 혹은 형성 과정의 정황이라는 데 있다.

예를 들면 '원(圓)이란 한 정점(定點)에서 같은 거리에 있는 점의 자취의 곡선을 말한다'와 같은 것은 발생정의인데, 그 종차는 원이 형성되는 과정이다.

관계정의도 역시 유개념에 종차를 가하는 정의방법의 한 가지 특수한 형식이다. 관계정의와 다른 점은 대상과 대상간의 관계를 종차로 하는 것이다.

예를 들면 '짝수는 2로 나누어 떨어지는 자연수다'라는 것은 관계정의다. 이것은 2와 자연수의 관계를 종차로 하여 짝수에 정의를 내린 것이다.

유개념에 종차를 가하는 정의에는 제한성이 있다. 모든 과학에서 최대의 유(類)에는 그것을 포괄하는 유개념이 없다.

예를 들면 물질, 의식, 운동, 원인, 결과와 같은 것들은 가장 일반적인 개념이며 최대의 유(類)를 표시한다. 그러므로 이런 개념에 대해서는 유개념에 종차를 가하는 방법으로 정의를 내릴 수 없는 것이다. 그리고 단독개념에 대해서도 이런 방법으로 정의를 내릴 수 없다. 왜냐하면 단독개념의 대상은 한 개의 단독적인 사물로서 종개념이 없기 때문이다.

15. 정의에는 어떤 규칙들이 있는가?

개념을 정확하게 정의하려면 반드시 정의의 규칙을 준수해야 한다. 정의의 규칙에는 다음과 같은 네 가지가 있다.

첫째, 정의를 내리는 개념의 외연은 반드시 정의받는 개념의 외연과 완전히 동일해야 한다.

예를 들면 '형용사란 사물의 성질이나 상태를 나타내는 품사다'라는 정의는 정확한 것이다. '형용사'와 '사물의 성질이나 상태를 나타내는 품사'의 외연은 완전히 동일하여 이 양자의 위치를 바꿔 놓아도 문제가 없다.

이 규칙을 위반하게 되면 '너무 넓은 정의' 혹은 '너무 좁은 정의'의 논리적 오류를 범하게 된다.

　예를 들면 '형용사란 대상의 성질이나 상태, 움직임을 나타내는 품사들이다'라고 한다면 '너무 넓은 정의'의 논리적 오류를 범하게 된다. 왜냐하면 움직임을 나타내는 품사는 동사에 속하는 것이어서 정의를 내리는 개념의 외연이 정의받는 개념의 외연보다 너무 넓기 때문이다. 이와 반대로 '형용사란 대상의 성질을 나타내는 품사다'라고 한다면 '너무 좁은 정의'의 논리적 오류를 범하게 된다. 왜냐하면 사물의 상태를 나타내는 품사들인 '많다', '적다', '멀다', '조용하다' 등과 같은 형용사들이 배제되어, 정의하는 개념의 외연이 정의받는 개념의 외연보다 너무 좁기 때문이다.

　둘째, 정의를 내리는 개념에 직접 혹은 간접으로 정의받는 개념이 포함되어서는 안 된다. 이 규칙을 위반하면 '동어반복' 혹은 '순환정의'의 논리적 오류를 범하게 된다.

　예를 들면 '독재자란 독재를 자행하는 사람이다'라고 한다면, 이것은 정의를 내리는 개념에 정의받는 개념이 직접 포함되어 있고, 언어가 반복되었을 뿐 정의받는 개념의 내포가 밝혀지지 않고 있다. 이런 정의는 '동어반복'의 오류를 범한 것이다.

　그리고 또 '민주주의는 독재와 근본적으로 대립되는 정치형태다' 혹은 '독재는 민주주의와 근본적으로 대립되는 정치형태다'라고 정의한다면 이것은 정의를 내리는 개념이 간접적으로 정의받는 개념을 포함한 것이다. 이런 정의는 정의받는 개념이 정의를 내리는 개념에 의하여 정의되고, 또 정의를 내리는 개념이 정의받는 개념에 의하여 정의되어, 결국 개념의 내포를 밝히지 못하고 있다. 이런 정의는 '순환정의'의 오류를 범한 것이다.

　셋째, 정의를 내리는 개념은 일반적으로 부개념을 사용해서는 안 된다.

만일 정의하는 개념에 부개념이 포함되어 있으면 정의받는 개념에 어떤 속성이 없다는 것을 표시할 뿐 어떤 본질적 속성이 있는가 하는 것을 밝히지 못한다. 예를 들면 '흥부는 놀부가 아니다'라고 한다면 '흥부'에 대하여 정의를 내렸다고 할 수 없다.

그러나 필요한 경우에는 부개념을 사용하게 된다. 예를 들면 '평행선이란 같은 평면 위에 있고 양쪽으로 아무리 연장해도 만나지 않는 두 개의 직선이다'와 같이 수학과 기타 과학들에서 부개념으로 정의를 내리는 경우가 적지 않다.

넷째, 정의를 내리는 개념 중에 애매한 어구를 포함시켜서는 안 된다. 그리고 정의를 내리는 개념에 비유를 사용해도 안 된다.

정의를 내리는 개념은 정의받는 개념의 내포를 똑똑히 밝혀야 하므로 애매한 어구를 사용할 수 없다.

예를 들면 '선진국이란 매우 발달된 선진적 나라다'라고 한다면, 이것은 '선진국'에 대하여 정확하게 정의를 내렸다고 할 수 없다. 정의를 내리는 개념 가운데 포함되어 있는 '매우 발달되었다'는 것은 도대체 무엇이 매우 발달되었다는 것인지, '선진적인 나라'란 또 무엇이 어느 정도 선진적이라는 말인지 아주 애매한 것이다.

비유는 사물을 생동감있게 표현하지만 개념의 내포를 직접적으로 정확하게 밝히지 못한다.

예를 들면 '석탄은 공업의 양식이다' '노력은 성공의 어머니다'라고 한다면, 이것은 '석탄', '노력'에 대한 생생한 비유일 수는 있지만 그 개념에 대한 정의일 수는 없다.

16. 구분이란? 구분에는 몇 가지 방법이 있는가?

개념을 명확히 하려면 정의의 방법으로 개념의 내포를 밝혀야 할 뿐 아니라 또한 개념의 외연도 밝혀야 한다.

구분이란 개념의 외연을 밝히는 논리적 방법이다. 다시 말하면 구분은 하나의 유개념을 몇 개의 종개념으로 나누는 논리적 방법이다. 예를 들면 '나무'를 '침엽수'와 '활엽수'로 나누는 것이 바로 구분이다.

구분은 개념의 외연을 명확히 하는 방법이다. 수많은 개념은 그 외연이 아주 넓으므로 일일이 다 열거할 수 없다. 이런 경우에 구분의 방법을 사용하면 아주 편리하다.

구분은 세 부분, 즉 구분의 모항(母項), 구분의 자항(子項), 구분의 근거로 구성된다. 구분되는 개념을 구분의 모항이라 하고, 모항에서 구분되어 나온 종개념(구분지)을 구분의 자항이라 하며, 구분의 기준이 되는 속성을 구분의 근거라고 한다.

예를 들면 '학교'를 '국민학교', '중학교', '고등학교' '대학교'로 구분할 수 있다. '학교'는 유개념이며 구분의 모항이다. '국민학교', '중학교', '고등학교', '대학교'는 종개념이며 구분의 자항이다. '학교'를 구분하는 기준이 되는 속성은 '교육 수준의 높고 낮은 정도'인데, 이것은 구분의 근거다.

구분에는 일차구분, 연속구분, 이분법 등의 방법들이 있다.

일차구분은 개념을 한번만 구분하는 방법이다. 예를 들면 '나무'를 '침엽수'와 '활엽수'로 구분하는 것 등이다.

연속구분은 구분된 자항을 모항으로 하여 계속 구분하는 방법이다. 예를 들면 '철학'을 '유물론'과 '관념론'으로 구분한 다음, '유물론'을 모항으로 하여 '고대의 소박한 유물론', '기계적 유물론', '변증법적 유물론'으로 구분하며, '관념론'을 모항으로 하여 '주관적 관념론', '객관적 관념론'으로 연속 구분하는 것 등이다.

이분법은 일종의 특수한 구분방법으로서 하나의 유개념을 두 개의 상호 모순되는 종개념, 즉 정개념과 부개념으로 구분하는 방법이다.

예를 들면 '사회'를 '민주적 사회'와 '비민주적 사회'로 구분하는 것이다. 이분법의 한 개 자항은 부개념이므로 어떤 속성이 결여되어 있다는 것을 표시할 뿐 그것이 어떤 속성을 갖고 있는가는 표시하지 못한다. 이것은 이분법의 결함이다. 그러나 이분법은 개념을 정개념과 부개념으로 구분하기 때문에, 사람들의 주의력을 필요한 한 부분에 집중시키는 데 편리하다. 그리고 이분법은 언제나 구분의 규칙에 부합된다. 이것은 이분법의 장점이다.

17. 구분할 때 어떤 규칙들을 준수해야 하는가?

개념을 정확히 구분하기 위해서는 반드시 다음과 같은 규칙들을 준수해야 한다.

첫째, 자항의 총합이 모항과 같아야 한다.

구분한 후에 얻어진 자항의 외연의 총합이 모항의 외연과 같아야 하며 많거나 적어서는 안 된다. 이 규칙을 위반하면 '불완전한 구분' 또는 '자항이 많은 구분'의 논리적 오류를 범하게 된다.

예를 들면 '철학 이론'을 '유물론', '관념론', '자유주의'로 구분했다면 자항의 외연의 총합이 모항의 외연보다 넓어 '자항이 많은 구분'의 논리적 오류를 범한 것이다. '자유주의'는 철학 이론과 연관은 있지만 철학 이론은 아닌 것이다. 그리고 또 '생물'을 '동물'과 '식물'로 구분했다면 자항의 외연의 총합이 모항의 외연보다 좁아 '불완전한 구분'의 오류를 범한 것이다. 이 구분에서는 '미생물'이라는 자항이 빠진 것이다.

둘째, 구분의 자항들은 반드시 서로 배제해야 한다.

자항들이 서로 배제하지 않으면 어떤 대상은 이 자항에 속하기도 하고 또 저 자항에 속하기도 하여 외연을 명확히 할 수 없게 된다. 이 규칙을 위반하는 것을 '자항 불배제'의 논리적 오류라고 한다.

예를 들면 사람을 '남자', '여자', '어른'으로 구분했다면 '자항 불배제'의 논리적 오류를 범한 것이다. 왜냐하면 '어른'은 '남자'나 '여자'와 서로 배제하지 않기 때문이다.

셋째, 구분의 근거는 반드시 동일해야 한다.

한 차례의 구분에서는 오직 하나의 근거(기준)를 사용해야지 몇 가지 근거를 사용한다면 각 자항간의 관계가 혼란해져 '근거를 혼동하는' 논리적 오류를 범하게 된다.

예를 들면 '국가'를 '아시아의 국가', '유럽의 국가', '자본주의 국가', '사회주의 국가'로 구분했다면, 이것은 한 차례의 구분에서 두 가지 다른 근거를 사용했기 때문에 '근거를 혼동하는' 논리적 오류를 범한 것이다. 즉, 한 차례의 구분에서 하나는 '국가의 위치'를 근거로 했고, 다른 하나는 '국가의 성격'을 근거로 한 것이다. 이와 같이 여러 가지 기준에 의하여 구분했으므로 자항들이 서로 배제하지 않는다.

개념을 명확히 하는 것은 아주 중요한 일이다. 우리가 자기의 의사를 표현하거나 자기의 견해를 주장할 때, 특히 어떤 문제를 둘러싸고 토론하거나 논쟁할 때 무엇보다도 먼저 개념을 명확히 해야 한다. 그러기 위하여 때로는 내포에 중점을 두거나 외연에

중점을 두게 되며, 더욱이 많은 경우에 개념의 내포와 외연을 다 명확히 하지 않으면 안 되는데, 이런 경우에는 정의와 구분의 방법을 동시에 사용하게 된다.

연습문제

1. 아래에 열거한 개념의 내포와 외연은 무엇인가?

   (1) 논리학
   (2) 삼각형
   (3) 기초과학
   (4) 응용과학
   (5) 사회관계

2. 다음의 이야기들은 어떤 논리적 이치를 말하는지 설명하라.

   (1) 파리의 번화한 거리에 있는 한 요리점 주인은 손님을 더 많이 끌기 위해 문앞에다 이런 안내문을 써서 걸어 놓았다.
   "내일 와서 식사하는 사람에게는 음식 값을 받지 않습니다."
   실업자 신세에 끼니도 제대로 때우지 못하던 한 젊은이는 이것을 보고 '내일' 이 집 주인이 선심을 쓸 모양이라고 여기고 이튿날 아침 일찍 그 요리점에 왔다.
   "여보시오, 여기 커피 세 잔에 빵 다섯 개, 그리고 맛 좋은 일등요리도 몇 가지 가져오시오!"
   행색이 초라한 젊은이를 쏘아보던 주인은 언짢은 표정을 지으면서 물었다.
   "젊은인 그 값을 치를 만한 돈이 있소?"

"값을 치르다니요? 오늘은 값을 안 치르지 않아요!"
"멍청이 같은 사람, 다시 나가 안내문에 뭐라고 씌어 있는가 잘 살펴보시오!"
젊은이는 부랴부랴 밖으로 나갔다. 안내문에는 여전히 "내일 와서 식사하는 사람에게는 음식값을 받지 않습니다"라고 씌어 있었다.
주인은 따라나와 훈계하였다.
"알았소? 오늘이 아니라 내일이란 말이요, 내일!"
"알겠소이다, 주인장. 영원히 올 수 없는 내일이군요!"

(2) 아프리카에서 온 귀빈을 접대하는 연회장에는 여러 가지 일품 요리들이 올랐다. 그중에는 희고 반들반들한 삶은 달걀이 있었다. 손님은 "이것은 무엇입니까?" 하고 물었다.
옆에 섰던 통역이 '달걀'이라는 아랍어가 갑자기 생각나지 않아 다음과 같이 번역했다.
"이거 말입니까, 이건 수탉 부인이 낳은 아이지요."
손님은 무슨 뜻인지 몰라 눈을 껌뻑거리다가 이내 그 뜻을 알아차리고 감탄했다.
"잘 번역하셨습니다. 아주 재치있고 유머스럽습니다!"

3. 다음 문장들 중 고딕체의 개념은 어떤 종류의 개념인가?

　(1) **서울**은 우리 나라에서 제일 큰 도시다.
　(2) **지구**는 **태양의 주위를 도는 행성**이다.
　(3) 실수 가운데 어떤 수는 **유리수**이고 어떤 수는 **무리수**다.

4. 다음 이야기를 읽고 개념의 종류에 관한 지식을 활용하여 철수의 잘못을 설명하라.

　철수는 화학시간에 공부에 열중하지 않고 장난만 치다가 화학개념도 잘 알지 못했다.
　화학 선생님이 "비금속이란 무엇입니까?" 하고 철수에게 묻자 철수는 이렇게 대답했다.
　"그거야 무수히 많지요. 창밖의 저 돌과 흙은 모두 비금속입니다. 그리고……저와 우리 급우들, 선생님도 다 비금속이지요."
　대답이 끝나자 반친구들은 배꼽을 잡고 웃었다.

5. 아래 문장에서 고딕체의 두 개념간에는 어떤 관계가 있는가?

　(1) **허준**은 「**동의보감**」의 저자다.
　(2) 지구의 **남반부**에는 가난한 나라들이 많고 **북반부**에는 부유한 나라들이 많다.
　(3) "**악법**도 **법**이다."
　(4) 어떤 **학생**은 **영화광**이다.
　(5) 민수는 **국어과목**은 좋아하지만 **화학**에는 흥미가 적다.

6. 다음 정의들의 논리적 오류를 밝혀라.

　(1) 주관주의자란 주관주의의 오류를 범한 사람이다.
　(2) 노인이란 청년들보다 늙은 사람이고, 청년이란 노인보다 젊은 사람이다.
　(3) 조국은 우리의 어머니다.

(4) 대학생은 학교에서 공부하는 사람이다.
(5) 상품이란 대기업에서 생산하는 생산물이다.
(6) 범죄란 합법적 행위가 아닌 것을 말한다.

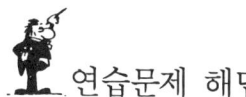 연습문제 해답

1. (1) 내포 : 사유의 형식 및 법칙을 연구하는 과학
      외연 : 형식논리학, 수리논리학, 변증논리학
   (2) 내포 : 일직선 위에 있지 않는 세 점의 각각을 맺는 직선으로 이루어진 평면도형
      외연 : 예각삼각형, 직각삼각형, 둔각삼각형
   (3) 내포 : 자연현상 및 물질운동의 기본법칙을 연구하는 과학
      외연 : 수학, 물리학, 화학, 천문학, 생물학 등
   (4) 내포 : 인류의 실제적 생활에 응용할 것을 직접 목적으로 하는 과학
      외연 : 공학, 농학, 의학 등
   (5) 내포 : 사회활동과정에서 맺어진 사람들의 각종 관계의 총칭
      외연 : 경제, 정치, 사상, 문화 및 가정 등을 망라한 각 방면의 관계

2. (1) 동일한 단어라 하더라도 다른 개념을 표현할 수 있다는 것을 알려 준다. '내일'이란 단어는 '다음날', '아름다운 미래'(예를 들면 '내일을 위하여 노력하는 젊은이들'에서의 '내일'의 의미는 '희망찬 미래'이다) 라는 두 개념을 표

현하는 외에 또 파리의 그 요리점 주인처럼 '영원히 오지 않는 그날'이라는 개념을 표현할 수도 있다.
(2) 동일한 개념이 다른 단어에 의하여 표현될 수 있다는 것을 알려 준다.

3. (1) '서울'은 단독개념이며 비집합개념이며 정개념이며 절대개념이다.
   (2) '지구'는 단독개념이며 비집합개념이며 정개념이며 절대개념이다.
   '태양의 주위를 도는 행성'은 일반개념이며 비집합개념이며 정개념이며 절대개념이다.
   (3) '유리수'는 일반개념이며 비집합개념이며 정개념이며 상대개념이다.
   '무리수'는 일반개념이며 비집합개념이며 부개념이며 상대개념이다.

4. '비금속'은 부개념이다. 부개념을 운용할 때는 반드시 논역에 주의해야 한다. 철수는 '비금속'이라는 부개념의 논역인 '화학원소'를 떠나서 대답했기 때문에 그 대답이 엉뚱한 것이 되어 웃음을 자아냈던 것이다.

5. (1) 동일관계
   (2) 모순관계
   (3) 대소관계. 전자는 후자에 완전히 포함되는 일부분이다.
   (4) 교차관계
   (5) 반대관계

6. (1) 이 정의는 잘못되었다. 왜냐하면 정의를 내리는 개념에 정의받는 개념이 직접 포함되어 있기 때문이다. '동어반복'의 논리적 오류를 범하였다.
   (2) 이 정의는 잘못되었다. 왜냐하면 노인과 청년은 상대개념인데 청년으로 노인을 정의하고 또 노인으로 청년을 정의하여 정의를 내리는 개념이 정의받는 개념을 간접으로 포함하고 있기 때문이다. '순환정의'의 논리적 오류를 범하였다.
   (3) 이것은 정의를 내리는 개념에 비유를 사용했기 때문에 정의받는 개념의 내포를 명확히 제시하지 못하고 있다. 따라서 잘못이다.
   (4) 이 정의는 정의를 내리는 개념의 외연이 정의받는 개념의 외연보다 넓기 때문에 '너무 넓은 정의'의 논리적 오류를 범했다.
   (5) 이 정의는 '너무 좁은 정의'의 논리적 오류를 범했다. 왜냐하면 상품이란 대기업뿐 아니라 중소기업이나 가정에서도 판매하여 이윤을 남길 목적으로 생산하는 모든 것을 말하기 때문이다.
   (6) 이 정의는 정의를 내리는 개념에 부개념을 포괄시켰기 때문에 실제로는 아무 것도 정의하지 못하였다.

제3장
판 단

1. 판단이란 무엇인가?

판단이란 사유의 대상에 대하여 그 무엇이라고 단정하는 사유의 형식이다. 다시 말하면 사유의 대상, 즉 사물, 현상, 사상, 언어 등의 성격, 관계, 상태 등에 대하여 무엇이라고 긍정 혹은 부정을 표시하는 사유형식이다.

예를 들면 '아는 것이 힘이다' '사람의 올바른 사상은 하늘에서 떨어진 것이 아니다'라는 것은 모두 판단이다. 전자는 '지식'은 '힘'이라는 속성을 가지고 있다고 단정했고, 후자는 '사람의 올바른 사상'은 '하늘에서 떨어진 것'이라는 속성을 가지고 있지 않다고 단정했다. 즉, 전자는 무엇이라고 긍정했고 후자는 무엇이라고 부정했다. 그러므로 사유의 대상에 대하여 긍정 또는 부정을 표시하는 것은 판단의 첫째 특징이다.

판단은 객관적 사태에 대한 반영이며 설명이므로 거기에는 객관적 사태의 실정에 일치하는가 일치하지 않는가 하는 문제가 생겨난다. 만일 그 판단이 객관적 사태의 실상과 일치하는 것이면 옳은 판단이고, 그렇지 않은 것이면 그릇된 판단이다. 그러므로 한 판단이 옳은 것이 아니면 그릇된 것이라는 것은 판단의 두번째 특징이다.

모든 판단이 옳아야 한다는 것은 판단에 대한 논리적 요구다. 객관적 사태를 정확히 인식하려면 객관적 사태의 실상에 부합되는 판단을 내려야 할 뿐 아니라 객관적 사태의 실상을 알맞게 반영하는 판단을 내려야 한다. 예를 들면,

(1) 어떤 상품은 가치가 있다.
(2) 모든 상품은 가치가 있다.

이 두 판단은 모두 옳은 판단이다. 그러나 판단 (2)가 객관적

사태에 더욱 부합된다. 판단 (1)이 단정한 객관적 사태는 판단 (2)보다 참되지 못하다. 객관적 사태의 실상을 알맞게 반영하는 옳은 판단을 참된 판단이라고 한다.

2. 판단과 문장 사이에는 어떤 관계가 있는가?

판단은 언제나 문장형태의 언어를 통하여 표현되며 전달된다. 즉, 문장은 판단의 표현형식이고 판단은 문장의 내용이다. 그러므로 판단과 문장은 서로 밀접히 연관되어 있다. 그러나 문장과 그에 의하여 표현되는 사유형식으로서의 판단은 동일하지 않다.

판단과 문장의 다른 점은 대체로 다음과 같다.

첫째, 다른 문장이 동일한 판단을 표현할 수 있다. 언어에는 동의어와 다양한 문장구조가 있기 때문에 다른 문장으로 동일한 판단을 표현하는 경우가 있다. 예를 들면,

'모든 사물은 다 운동한다.'
'운동하지 않는 사물이란 없다.'
'그래 운동하지 않는 사물이 있단 말인가?'
'사물치고 운동하지 않는 것이 없다.'

이 네 가지 다른 문장은 그것이 단정하는 내용이 완전히 동일한 것으로서 동일한 판단을 표현한 것이다. 그리고 '너의 스승은 박식한 분이다'와 '너의 선생은 박식한 분이다'라는 이 두 문장은 동의어를 사용하여 동일한 판단을 표현한 다른 문장이다.

둘째, 동일한 문장이 다른 판단을 표현할 수 있다. 동음이의어

로 구성된 문장은 다른 정황하에서 다른 판단을 표현한다. 예를 들면 '그는 이제야 눈을 떴다'라는 문장은 '그는 지금까지 감았던 눈을 떴다'는 판단을 표현할 수도 있고, 또 '그는 이제야 사물을 제대로 볼 수 있게 되었다'는 판단을 표현할 수도 있다.

그리고 또 언어적 환경과 객관적 상황의 차이에 따라 동일한 문장이 다른 판단을 표현할 수 있다. 예를 들면 '논리학은 그 학교 교사가 가르친다'라는 문장은 '논리학만은 그 학교 교사가 가르친다'는 판단을 표현할 수도 있고, '논리학은 다른 학교의 교사가 아니라 바로 그 학교 교사가 가르친다'는 판단을 표현할 수도 있으며 또 '논리학은 그 학교 사무원이 아니라 교사가 가르친다'는 판단을 표현할 수도 있다.

셋째, 어떠한 판단이나 모두 문장에 의하여 표현되지만 모든 문장이 다 판단을 표현하는 것은 아니다. 일반적으로 말하면 서술문은 판단을 표현하고, 의문문, 명령문, 감탄문은 판단을 표현하지 못한다. 예를 들면 '설악산은 한국의 이름난 명승지다'와 같이 서술문은 판단을 표현하지만, '무엇 때문에 논리학을 배워야 하는가?' '앞으로 나가시오!' '정말 뜻밖이야!'와 같은 의문문, 명령문, 감탄문은 대상에 대하여 무엇이라고 긍정 또는 부정하지 못하는 것으로서 판단을 표현하지 못한다.

그러나 의문문 가운데 반어문과 일부 명령문이나 감탄문은 판단을 표현할 수 있다. 예를 들면 '그래 내가 대한민국의 국민이 아니란 말인가?'라는 문장은 의문문이지만 실제로는 의문의 방식으로 명확한 긍정, 즉 '나는 대한민국의 국민이다'라는 것을 표현한 것으로서 판단을 표현한 것이다. 그리고 '여보시오, 담배를 피우지 마시오!' '우리의 앞날은 얼마나 밝은가!'와 같은 명령문과 감탄문은 '당신은 담배를 피우지 말아야 한다' '우리의 앞날은 아주 밝다'는 것 등을 표현한 것이므로 대상에 대한 긍정을 표시하는 판단이다.

3. 판단에는 어떤 종류들이 있는가?

판단되는 대상의 정황이 다종다양하고 대상에 대하여 긍정 또는 부정하는 판단의 방식도 다종다양하기 때문에 판단형식도 다종다양하게 된다. 형식논리학은 판단형식의 측면으로부터 판단을 여러 가지 종류로 나눈다.

판단을 주어(주사)와 술어(빈사)의 연결방식에 따라 후천적 판단과 선천적 판단으로 구분한다.

후천적 판단은 또 판단 자체가 기타의 판단을 포함하였는가 하지 않았는가에 따라 단순판단과 복합판단으로 구분한다.

단순판단은 그것이 단정하는 것이 대상의 성질인가 아니면 대상의 관계인가에 따라 다시 정언판단(성질판단)과 관계판단으로 구분한다.

관계판단은 관계의 논리적 특성에 따라 대칭성 관계와 전체성 관계로 구분한다.

복합판단은 그것을 구성하는 각각의 단순판단의 결합상태의 차이에 따라 조건(가언)판단, 선언판단, 연언판단, 부판단(판단의 부정)으로 구분한다.

선천적 판단은 단정하는 것이 사태의 개연성인가 필연성인가에 따라 개연판단과 필연판단으로 구분한다.

4. 정언판단이란? 정언판단에는 어떤 종류가 있는가?

정언판단이란 판단의 대상이 어떤 성질을 가지고 있다(또는 가지고 있지 않다)고 단정하는 판단이다.

예를 들면 '현배는 우수학생이다'라는 판단은 '현배'에게 '우수학생'이란 성질이 있다는 것을 단정했으며, '모든 사물은 정지되어 있는 것이 아니다'라는 판단은 '모든 사물'이 '정지'라는 성질을 가지고 있지 않다고 단정했으므로 모두 정언판단이다.

정언판단은 주어, 술어, 연결사, 양화사의 네 부분으로 구성되어 있다.

주어는 판단의 대상을 표시하는 개념이다. 주어는 보통 S로 표시한다. 술어는 판단되는 대상의 성질을 표시하는 개념이다. 술어는 보통 P로 표시한다. 연결사는 사물과 성질간의 관계를 표시하는 개념이다. 연결사에는 긍정적인 연결사 '이다'와 부정적인 연결사 '아니다'가 있다. 양화사는 주어의 수량 또는 범위를 표시하는 개념이다.

예를 들면 '모든 인간은 사회적 동물이다'라는 판단에서 '모든'은 양화사이고 '인간'은 주어(S)이며 '사회적 동물'은 술어(P)이고 '이다'는 연결사다.

정언판단은 그 양과 질에 따라 단칭(單稱) 긍정판단, 단칭부정판단, 특칭(特稱) 긍정판단, 특칭부정판단, 전칭(全稱) 긍정판단, 전칭부정판단으로 나누어진다.

단칭긍정판단이란 어느 한 개별적 대상이 어떤 성질을 가지고 있다고 단정하는 판단이다. 예를 들면 '제논은 고대 희랍의 저명한 궤변론자다'라는 판단은 단칭긍정판단이다. 공식으로 표시하면 '이 S는 P다'로 된다.

단칭부정판단이란 어느 한 개별적 대상이 어떤 성질을 가지고 있지 않다고 단정하는 판단이다. 예를 들면 '김 선생님은 중학교 선생님이 아니다'라는 판단은 단칭부정판단이다. 공식으로 표시하면 '이 S는 P가 아니다'로 된다.

전칭긍정판단이란 한 유(類)의 대상의 전부가 어떤 성질을 가지고 있다고 단정하는 판단을 말한다. 다시 말하면 양적인 면에서 보면 전칭이고 질적인 면에서 보면 긍정인 판단이다. 예를 들면 '모든 인간은 존엄하다' '모든 사물은 운동한다'라는 두 판단은 모두 전칭긍정판단이다. 공식으로 표시하면 '모든 S는 P다'로 된다.

전칭부정판단이란 한 유의 대상의 전부가 어떤 성질을 가지고 있지 않다고 단정하는 판단을 말한다. 다시 말하면 양적인 면에서 보면 전칭이고 질적인 면에서 보면 부정인 판단이다. 예를 들면 '모든 지식은 선천적인 것이 아니다' '모든 성공은 하루아침에 이룩된 것이 아니다'라는 두 판단은 모두 전칭부정판단이다. 공식으로 표시하면 '모든 S는 P가 아니다'로 된다.

특칭긍정판단이란 어떤 유의 일부 대상이 어떤 성질을 가지고 있다고 단정하는 판단을 말한다. 다시 말하면 양적인 면에서 보면 특칭이고 질적인 면에서 보면 긍정인 판단이다. 예를 들면 '어떤 고기는 허파로 호흡한다' '어떤 학생은 시골 출생이다'라는 두 판단은 모두 특칭긍정판단이다. 공식으로 표시하면 '어떤 S는 P다'로 된다.

특칭부정판단이란 어떤 유의 일부 대상이 어떤 성질을 가지고 있지 않다고 단정하는 판단을 말한다. 다시 말하면 양적인 면에서 보면 특칭이고 질적인 면에서 보면 부정인 판단이다. 예를 들면 '어떤 책은 양서가 아니다' '어떤 학생은 모범학생이 아니다'라는 두 판단은 모두 특칭부정판단이다. 공식으로 표시하면 '어떤 S는 P가 아니다'로 된다.

정언판단의 여섯 가지 형식 가운데 단칭긍정판단과 단칭부정판단의 주어는 모두 단독개념이다. 그러므로 흔히 단칭긍정판단을 전칭긍정판단에 포함시키고 단칭부정판단을 전칭부정판단에 포함시킨다. 이리하여 정언판단을 일반적으로 전칭긍정판단, 전칭부정판단, 특칭긍정판단, 특칭부정판단 등 네 가지로 나누며, 전칭긍정판단을 'A' 혹은 'SAP'로, 전칭부정판단을 'E' 혹은 'SEP'로, 특칭긍정판단을 'I' 혹은 'SIP'로, 특칭부정판단을 'O' 혹은 'SOP'로 표시한다.

5. 정언판단 A, E, I, O간의 진위관계는 어떠한가?

정언판단간의 진위관계를 대당(對當) 관계라고도 한다. 대당관계는 바로 주어와 술어가 같은 A, E, I, O 등 네 가지 정언판단간의 참과 거짓의 관계를 가리킨다.

정언판단은 S류의 대상과 P라는 성질간의 관계를 단정한다. 대상의 성질은 대상과 밀접히 연계되어 있다. P라는 성질은 곧 한 개 유의 대상을 규정한다. 그러므로 A, E, I, O를 S류의 대상과 P류의 대상간의 관계로 볼 수 있다.

개념간 관계의 이론으로부터 S류의 대상과 P류의 대상간에 다섯 가지 관계가 존재한다는 것을 알 수 있다. 그러므로 A, E, I, O 네 가지 판단 자체의 참과 거짓의 관계를 그림으로 표시하면 다음과 같다.

S와 P의 관계 \ 판단유형	동일관계 (1)	대소관계(종속관계) 중		교차관계 (4)	모순관계 (5)
		하속관계 (2)	상속관계 (3)		
진위	(S P)	(P(S))	(S(P))	(S⋂P)	(S)(P)
SAP	참	참	거짓	거짓	거짓
SEP	거짓	거짓	거짓	거짓	참
SIP	참	참	참	참	거짓
SOP	거짓	거짓	참	참	참

    A, E, I, O 판단의 진실성 여부의 상황에 따라 A, E, I, O 판단간의 참과 거짓의 관계를 결정할 수 있다.

  첫째, A와 E의 관계

  만약 A가 참이라면(1, 2) E는 거짓이(1, 2) 된다. E가 참이면 (5) A는 거짓이(5) 된다. 만약 A가 거짓이면(3, 4, 5) E는 미정으로서 참(5)일 수도 있고 거짓(3, 4)일 수도 있다. E가 거짓이면 (1, 2, 3, 4) A는 미정으로서 참(1, 2)일 수도 있고 거짓(3, 4)일 수도 있다.

  이로부터 알 수 있듯이 A와 E간에는 두 판단이 동시에 참일 수는 없으나 동시에 거짓일 수는 있는 관계가 있다. 이런 관계를 반대관계라고 한다.

  둘째, A와 I의 관계

A가 참이면(1, 2) I도 참이(1, 2) 된다. 만약 A가 거짓이면(3, 4, 5) I는 미정으로서 참(3, 4)일 수도 있고 거짓(5)일 수도 있다. 만약 I가 거짓일 때(5) A도 거짓이(5) 된다. 만약 I가 참이면(1, 2, 3, 4) A는 미정으로서 참일(1, 2) 수도 있고 거짓일(3, 4) 수도 있다.

이로부터 알 수 있는 바와 같이 A와 I간에는 동시에 참이 될 수 있으며 동시에 거짓이 될 수 있는 관계, 즉 A가 I를 함축하는 관계로서 A가 참이면 I는 반드시 참이고 I가 거짓이면 A는 반드시 거짓인 관계가 있다. 이런 관계를 대소관계라고 한다.

셋째, A와 O의 관계

A가 참이면(1, 2) O는 거짓이(1, 2) 된다. A가 거짓이면(3, 4, 5) O는 참이(3, 4, 5) 된다.

이로부터 알 수 있는 바와 같이 A와 O간에는 두 개가 동시에 참일 수 없으며, 두 개가 동시에 거짓일 수도 없는 관계가 있다. 이러한 관계를 모순관계라고 한다.

넷째, E와 I의 관계

E가 참이면(5) I는 거짓이(5) 된다. E가 거짓이면(1, 2, 3, 4) I는 참이(1, 2, 3, 4) 된다.

이로부터 알 수 있는 바와 같이 E와 I간의 관계도 A와 O간의 관계와 마찬가지로 모순관계다.

다섯째, E와 O의 관계

E가 참이면(5) O는 참이(5) 된다. E가 거짓이면(1, 2, 3, 4) O는 미정으로서 참일(3, 4) 수도 있고 거짓일(1, 2) 수도 있다. O가 참이면(3, 4, 5) E는 미정으로서 참일(5) 수도 있고 거짓일(3, 4) 수도 있다. O가 거짓일 때(1, 2) E는 거짓이(1, 2) 된다.

이로부터 알 수 있는 바 E와 O간의 관계는 A와 I간의 관계와 마찬가지로 대소관계다.

여섯째, I와 O의 관계

I가 참이면(1, 2, 3, 4) O는 미정으로서 참(3, 4)일 수도 있고 거짓(1, 2)일 수도 있다. I가 거짓이면(5) O는 참이(5) 된다. O가 참이면(3, 4, 5) I는 미정으로서 참일(3, 4) 수도 있고 거짓일(5) 수도 있다. O가 거짓이면(1, 2) I는 참이(1, 2) 된다.

이로부터 알 수 있는 바와 같이 I와 O간에는 두 개가 동시에 참일 수는 있으나 두 개가 동시에 거짓일 수는 없는 관계가 있다. 이러한 관계를 소반대관계라고 한다.

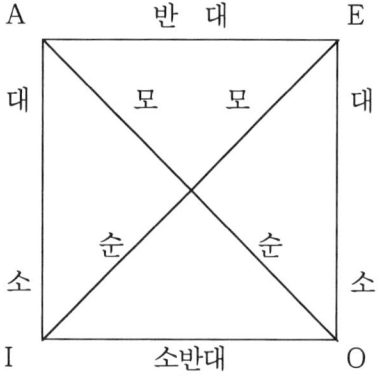

이상의 네 가지 다른 관계를 그림으로 표시하면 위와 같다. 이와 같이 네 가지 판단의 관계를 표시한 사각형을 논리적 정방형(대당 사각형)이라고 한다. 판단간의 이런 관계에 따라 어느 한 판단이 참인가 혹은 거짓인가에 따라 다른 세 가지 판단이 참인가 혹은 거짓인가를 도출해 낼 수 있다.

6. 정언판단의 주어와 술어의 주연 정황은 어떠한가?

A, E, I, O의 주어와 술어의 주연(周延) 정황이란 바로 이러한 판단중에서 주어와 술어의 외연 전부를 단정했는가, 아니면 일부분을 단정했는가 하는 문제다. 만일 한 개의 판단 중에서 주어 혹은 술어의 외연 전부에 대하여 단정했다면 그 판단의 주어 혹은 술어는 주연(확충)된 것이다. 만일 한 개의 판단 중에서 주어 혹은 술어의 일부 외연에 대해서만 단정했다면, 그 판단의 주어 혹은 술어는 부주연(불확충)된 것이다.

A, E, I, O 네 가지 판단에서의 주어와 술어의 주연관계는 다음과 같다.

(1) 전칭판단의 주어는 주연된다. 전칭긍정판단과 전칭부정판단은 주어의 외연 전부에 대하여 단정하므로 주어는 주연된다.

예를 들면 '모든 범죄행위는 죄악이다'라는 A판단은 주어 '범죄행위'의 일부 대상을 표시한 것이 아니라 그 대상 전부에 대하여 언급했다. 이와 같이 A와 E의 주어는 언제나 S의 외연 전부를 표시하기 때문에 주연된다.

(2) 특칭판단의 주어는 부주연된다. 특칭긍정판단과 특칭부정판단은 주어의 일부 외연에 대하여 언급하게 되므로 특칭판단의 주어는 언제나 부주연된다.

예를 들면 '어떤 학생은 모범학생이다'라는 I판단에서는 주어인 '학생'의 전체에 대하여 말한 것이 아니라 그의 일부분에 대하여 언급했다. 그러므로 이 판단에서의 주어는 부주연된다. 이와 같이 특칭판단 I와 O의 주어는 언제나 부주연된다.

(3) 부정판단의 술어는 주연된다. 전칭부정판단과 특칭부정판단에서는 주어의 외연이 술어의 외연 밖에 배제되어 있다고 단정한

다. 그러므로 부정판단의 술어는 언제나 자체의 외연의 전부를 표시하게 된다.

예를 들면 '모든 인간은 신이 아니다'라는 E판단의 술어 '신'은 자체의 외연의 전부를 표시한다. 그러므로 이 판단의 술어는 주연된다. O판단의 술어도 이와 마찬가지로 언제나 주연된다.

(4) 긍정판단의 술어는 부주연된다. 전칭긍정판단은 S류의 모든 분자가 P류의 분자임을 단정했을 뿐 S류의 모든 분자가 바로 P류의 모든 분자라고 단정하지는 않았다. 다시 말하면 전칭긍정판단은 술어의 외연 전부에 대해서는 단정하지는 않았다.

예를 들면 '모든 대학생은 학생이다'라는 A판단 중에서 '대학생'은 '학생'에 속한다는 것을 단정했을 뿐 모든 학생이 다 대학생이라고 단정하지는 않았다. 그러므로 술어 '학생'은 부주연된다.

특칭긍정판단은 '어떤 S는 P다'라고 단정했을 뿐 S류의 어떤 분자는 P류의 분자 전부라고는 단정하지 않았다. 그러므로 I판단에서도 술어는 부주연된다.

A, E, I, O 네 가지 판단에서의 주어와 술어의 주연 정황을 도표로 표시하면 다음과 같다.

판단의 유형	주어(S)	술어(P)
SAP	주연	부주연
SEP	주연	주연
SIP	부주연	부주연
SOP	부주연	주연

7. 관계판단이란? 관계판단은 어떻게 구성되는가?

관계판단이란 사태와 사태간의 관계를 단정하는 판단을 말한다. 예를 들면 '근면은 성공의 어머니다' '5는 3보다 크다'라는 판단은 모두 관계판단이다. 처음의 판단은 근면과 성공에 어머니와 자식의 관계가 있다고 단정했고, 다음의 판단은 5와 3간에 크고 작다는 관계가 있다고 단정했다.

관계는 언제나 두 개 혹은 두 개 이상의 사태간에 존재하게 되므로 관계판단에서 단정하는 대상은 두 개 혹은 두 개 이상이다. 즉, 관계판단은 두 개 이상의 주어를 가진다. 두 사태간에 존재하는 관계를 두 명사관계라고 하며, 세 사태간에 존재하는 관계를 세 명사관계라고 한다.

관계판단은 모두 세 개의 부분으로 구성되어 있다.

(1) 관계(즉 술어). 위에서 든 예 가운데 '어머니', '크다' 등이 바로 관계다. 관계를 일반적으로 R로 표시한다.

(2) 관계명사(즉 주어). 위에서 든 예 가운데 '근면', '성공', '5', '3'은 모두 관계명사다. '근면'과 '5'는 앞에 있으므로 관계전명사라 부르고, '성공'과 '3'은 뒤에 있으므로 관계후명사라고 부른다.

(3) 양화사. 관계명사의 외연의 수량을 표시하는 것이다. 예를 들면 '어떤 사물과 어떤 사물은 서로 의존한다' '모든 민주주의자와 모든 독재자는 대립된다'에서 '어떤'과 '모든'은 양화사다.

이런 구성부분에 따라 두 명사관계를 가지는 관계판단을 공식으로 표시하면 다음과 같다.

aRb

a는 관계전명사를 표시하고 b는 관계후명사를 표시하며 R은

관계를 표시한다.

8. 관계판단 중 '관계'에는 어떤 논리적 특성들이 있는가?

여러 가지 상이한 구체적인 '관계' 가운데는 공통된 논리적 특성이 있는데, 주로 관계의 대칭성과 관계의 이행성 등 두 가지다.

'관계'의 대칭성

'관계'의 대칭성은 a와 b간에 R관계가 있을 때, b와 a간에도 R관계가 있는가 하는 문제를 연구하는 것이다.

관계의 대칭성에는 다음과 같은 세 가지 경우가 있다.

(1) 대칭적 관계

a가 b에 대하여 어떤 관계가 있다면 b도 a에 대하여 동일한 관계가 있을 때, 즉 aRb가 참일 때 bRa도 꼭 참이 되는 경우, 관계 R은 대칭적 관계다.

예를 들면 '나는 그와 형제간이다' '5+5는 10과 같다'에서 '형제', '같다' 등의 관계는 모두 대칭적이다. 왜냐하면 내가 그와 형제간이면 그도 나와 형제간이며, 5+5가 10과 같으면 10도 꼭 5+5와 같기 때문이다.

(2) 반대칭적 관계

a가 b에 대하여 어떤 관계가 있을 때 b는 a에 대하여 그런 관계를 가지지 않는 경우, 즉 aRb가 참일 때 bRa가 꼭 거짓이 되는 경우, 관계 R은 반대칭적 관계다.

예를 들면 '한국 축구팀은 일본 축구팀을 이겼다'라는 관계판단에서의 관계 '이겼다'는 반대칭적이다. 왜냐하면 한국 축구팀이 일본 축구팀을 이겼다면, 일본 축구팀이 한국 축구팀을 이길 수 없기 때문이다.

(3) 비대칭적 관계

a가 b에 대하여 어떤 관계가 있을 때 b는 a에 대하여 그런 관계가 있을 수도 있고 없을 수도 있는 경우, 즉 aRb가 참일 때 bRa가 참일 수도 있고 거짓일 수도 있는 경우, 관계 R은 비대칭적 관계다.

예를 들면 '현배는 경미를 사랑한다'라는 관계판단에서의 관계 '사랑한다'는 비대칭적이다. 왜냐하면 현배는 경미를 사랑하지만 경미는 현배를 사랑할 수도 있고 그렇지 않을 수도 있기 때문이다.

'관계'의 이행성

'관계'의 이행성은 a와 b간에 R관계가 있으며 b는 또한 c와 R관계가 있을 때, a와 c간에도 R관계가 있는가 하는 문제를 연구하는 것이다.

여기에도 다음과 같은 세 가지 경우가 있다.

(1) 이행적 관계

a가 b에 대하여 어떤 관계가 있으며 b는 c에 대하여 그런 관계가 있을 때, a도 c에 대하여 꼭 그런 관계가 있는 경우, 즉 aRb가 참이며 bRc도 참일 때 aRc는 꼭 참이 되는 경우, 관계 R은 이행적 관계다.

예를 들면 '현배는 길수보다 나이가 어리고 길수는 태호보다 나이가 어리다면, 현배는 태호보다 나이가 어리다'라는 관계판단에서의 관계 '보다 어리다'는 이행적이다.

(2) 반이행적 관계

a와 b간에 어떤 관계가 있으며 b와 c간에도 그런 관계가 있지만

a와 c간에는 필연적으로 그런 관계가 없게 되는 경우, 즉 aRb가 참이며 bRc도 참일 때 aRc는 필연적으로 거짓이 되는 경우, 관계 R은 반이행적 관계다.

예를 들면 '현배는 남호보다 세 살 많고 남호는 동수보다 세 살 많다면 현배는 동수보다 꼭 세 살 많지 않다'라는 관계판단에서의 관계 '세 살 많다'는 반이행적이다.

(3) 비이행적 관계

a와 b간에 어떤 관계가 있으며 b와 c간에도 그런 관계가 있을 때, a와 c간에는 그런 관계가 있을 수도 있고 없을 수도 있는 경우, 즉 aRb가 참이며 bRc도 참일 때 aRc는 참일 수도 있고 참이 아닐 수도 있는 경우, 관계 R은 비이행적 관계다.

예를 들면 현배는 길수를 알고 있고 길수는 태호를 알고 있다면, 현배는 태호를 알 수도 있고 모를 수도 있다'는 관계판단에서의 관계 '안다'는 비이행적이다.

관계판단에서 그 관계가 대칭적인가, 반대칭적인가, 비대칭적인가를 정확히 구분하며, 또 그 관계가 이행적인가, 반이행적인가, 비이행적인가를 옳게 식별하는 것은 아주 중요하다. 우리가 관계판단을 적용할 때, 이러한 것을 옳게 구분하고 식별해야만 판단을 정확하게 할 수 있는 것이다.

만일 R관계가 대칭적 관계라는 것을 알았다면 aRb가 참이라는 것으로부터 bRa가 참이라는 것을 판명할 수 있으며, R관계가 반대칭적 관계라는 것을 알았다면 aRb가 참이라는 것으로부터 bRa가 거짓이라는 것을 판명할 수 있다. 그리고 만일 R관계가 비대칭적 관계라는 것을 알았다면 aRb가 참이라는 것으로부터 bRa의 참은 미정이라고 판명할 수 있다.

그러므로 사태간의 관계를 인식할 때 반드시 이런 상이한 관계들을 정확히 구분해야 한다.

9. 조건판단이란 무엇인가?

조건판단이란 어떤 상황이 다른 상황의 조건이라고 단정하는 판단을 말한다. 예를 들어 '만일 열심히 공부한다면 성적이 올라 갈 수 있다'라는 판단은 조건판단이다. 왜냐하면 '열심히 공부한다'라는 상황은 '성적이 올라갈 수 있는' 조건이라고 단정했기 때문이다. 이와 같이 일정한 조건에 따라 다른 상황을 단정하는 판단이 바로 조건판단이다.

조건판단은 전건, 후건, 연결사 등 세 부분으로 구성된다. 전건을 표시하는 단순판단을 조건판단의 전건이라 하고, 이 조건에 의존하여 성립되는 단순판단을 조건판단의 후건이라 한다. 그리고 전건과 후건을 연결시켜 주는 부분을 연결사라고 한다. 위에서 든 예에서 '열심히 공부한다'는 전건이고, '성적이 올라 갈 수 있다'는 후건이며, '만일……라면'은 연결사다.

상황이 존재하는가 존재하지 않는가의 측면에서 조건의 성격을 보면, 조건은 충분조건, 필요조건, 필요충분조건 등 세 가지가 있다.

충분조건

만일 전건 p가 존재한다면 후건 q가 필연적으로 존재하게 되며, 전건 p가 존재하지 않는다면 후건 q가 존재할 수도 있고 존재하지 않을 수도 있는 경우에, 전건 p를 후건 q의 충분조건이라고 한다. 예를 들면 '만일 물체가 마찰되면 열이 발생한다'라는 판단에서

'마찰'은 '열이 발생'하는 충분조건이 된다. 즉 '마찰'하면 필연적으로 '열이 발생'하게 되지만 '마찰'하지 않았다 하여 '열이 발생' 하지 않는 것은 아니다. 왜냐하면 열은 마찰 외에 전기 또는 태양광선, 불 등에 의해 발생될 수도 있기 때문이다.

필요조건

만일 전건 p가 없다면 필연적으로 후건 q도 없게 되며 전건 p가 있다면 후건 q는 미정으로서 있을 수도 있고 없을 수도 있는 경우에, 전건 p를 후건 q의 필요조건이라고 한다.

예를 들면 '공부를 잘해야 대학에 합격할 수 있다'라는 판단에서 '공부를 잘한다'는 '대학에 합격하는' 필요조건이 된다. 왜냐하면 공부를 잘하지 않는다면 필연적으로 대학에 합격할 수 없고, 그리고 또 공부를 잘했다 하여 꼭 대학에 합격하는 것은 아니기 때문이다.

필요충분조건

만일 p가 존재한다면 q도 존재하게 되고, 만일 p가 존재하지 않으면 q도 존재하지 않는 경우에, 전건 p를 후건 q의 필요충분조건이라 한다.

예를 들면 '삼각형의 세 각은 같다'는 '삼각형의 세 변은 같다'의 필요충분조건이다. 왜냐하면 삼각형의 세 각이 같으면 삼각형의 세 변도 같게 되고, 삼각형의 세 각이 같지 않으면 삼각형의 세 변도 같지 않게 되기 때문이다.

조건판단은 이와 같은 세 가지 조건에 따라 충분조건의 조건판단, 필요조건의 조건판단, 필요충분조건의 조건판단으로 구분된다.

10. 충분조건의 조건판단이란 무엇인가?

충분조건의 조건판단이란 한 상황이 다른 상황의 충분조건이라고 단정하는 판단이다.

예를 들어 '만일 그가 노력하지 않는다면 곧 탈락할 것이다'라는 판단은 충분조건의 조건판단이다.

충분조건의 조건판단을 공식으로 표시하면 다음과 같다.

· 만일 p라면 곧 q다.

충분조건의 조건판단의 연결사는 '만일……한다면……', '가령……곧……', '……하기만 하면 곧……', '……일 때……' 등으로 표시된다.

충분조건의 조건판단에서 전건이 참이면 후건은 꼭 참이 되고, 전건이 거짓이면(존재하지 않는다면) 후건은 미정으로서 참일 수도 있고(존재할 수도 있고) 거짓일 수도 있다(존재하지 않을 수도 있다). 그러므로 전건이 참이고 후건이 참인 경우와, 전건이 거짓이고 후건이 참이거나 거짓인 경우에 충분조건의 조건판단은 다 옳은 것이 된다. 그러나 전건이 참이고 후건이 거짓이라면 이 조건판단은 틀린 것이 된다.

'만일 물체가 마찰을 받는다면 필연적으로 열이 발생한다'라는 판단을 예로 들어 보자. 만일 물체가 마찰을 받았고 열이 발생했다면, 이 조건판단은 정확하다. 만일 물체가 마찰을 받지 않았고 열이 발생하지 않았다면 이 조건판단은 정확하다. 만일 물체가 마찰은 받지 않았으나 열이 발생했다면(다른 원인에 의하여) 이 조건판단은 역시 정확하다. 그러나 물체가 마찰을 받았지만 열이 발생하지 않았다면 이 조건판단은 틀린 것이다.
　이와 같은 전건, 후건의 진리값(참 혹은 거짓)과 충분조건의 조건판단의 진리값의 함수관계를 다음과 같이 표시할 수 있다.

전건(p)	후건(q)	만일 p라면 q다
참	참	참
참	거짓	거짓
거짓	참	참
거짓	거짓	참

11. 필요조건의 조건판단이란 무엇인가?

　필요조건의 조건판단이란, 하나의 상황이 다른 상황의 필요조건이라고 단정하는 판단이다. 예를 들면 '오직 노력하는 자만이 성공할 수 있다'라는 판단은 필요조건의 조건판단이다.
　필요조건의 조건판단을 공식으로 표시하면 다음과 같다.

　· 오직 P이어야만 비로소 q로 된다.

　필요조건의 조건판단의 연결사는 '오직……비로소……', '반드시……비로소……', '……아니고서는……안 된다', '아니면……안 된다', '아니면……아니다', '없으면……없다' 등으로 표시된다.

필요조건의 조건판단에서 전건이 참이면 후건은 미정으로서 참일 수도 있고 거짓일 수도 있으며, 전건이 거짓이면 후건은 꼭 거짓이 된다. 그러므로 전건이 거짓이고 후건이 거짓인 경우와 전건이 참이고 후건이 참인 경우, 그리고 전건이 참이고 후건이 거짓인 경우에 필요조건의 조건판단은 다 옳다. 그러나 전건이 거짓인데 후건이 참이면 이 조건판단은 틀린 것이다.

이와 같은 전건, 후건의 진리값(참 혹은 거짓)과 필요조건의 조건판단의 진리값의 함수관계를 다음과 같이 표시할 수 있다.

전건(p)	후건(q)	오직 p라야면 비로소 q로 된다
참	참	참
참	거짓	참
거짓	참	거짓
거짓	거짓	참

12. 필요충분조건의 조건판단이란 무엇인가?

필요충분조건의 조건판단이란 하나의 상황이 다른 한 상황의 필요충분조건이라고 단정하는 판단이다.

예를 들면 '만일 그리고 오직 사회에 수요가 있어야만 사회에 공급이 있게 된다'라는 판단은 필요충분조건의 조건판단이다.

필요충분조건의 조건판단을 공식으로 표시하면 다음과 같다.

· 만일 그리고 오직 p일 때만 q다.

　필요충분조건의 조건판단에서 전건이 참이면 후건도 꼭 참이 되며, 전건이 거짓이면 후건도 꼭 거짓이 될 때 옳은 판단이 된다. 그러나 전건이 참일 때 후건이 거짓이거나 전건이 거짓일 때 후건이 참이면 이 판단은 틀린 것으로 된다.
　이와 같은 전건, 후건의 진리값(참 혹은 거짓)과 필요충분조건의 조건판단의 진리값의 함수관계를 다음과 같이 표시할 수 있다.

전건(p)	후건(q)	만일 그리고 오직 p일 때만 q이다
참	참	참
참	거짓	거짓
거짓	참	거짓
거짓	거짓	참

13. 선언판단이란? 선언판단에는 어떤 유형들이 있는가?

　선언판단이란 몇 개의 가능한 상황 중에서 적어도 하나의 상황이 존재한다고 단정하는 판단이다. 예를 들면 '저 액체는 산성이거나 알카리성이거나 중성이다'라는 판단은 선언판단이다. 이것은 '저 액체는' '산성이거나' '알카리성이거나' '중성이거나' 하는 가능성을 제기했으며, 그중에서 적어도 하나는 존재하게 된다는 것을 단정했다.

선언판단은 적어도 두 개 이상의 판단을 포함하는 복합판단이다. 선언판단이 포함하는 각각의 판단을 선언지라 한다.

각 선언지간의 관계에는 두 가지 다른 유형이 있다. 하나는 각 선언지가 동시에 존재할 수 있으며 서로 배제하지 않는 것이고, 다른 하나는 각 선언지가 동시에 존재할 수 없으며 서로 배제하며, 그중 하나가 존재한다면 다른 것들은 존재할 수 없는 것이다. 전자를 결합적(포괄적) 선언지라 하고, 후자를 배제적(배타적) 선언지라 한다.

이처럼 선언지가 결합적 선언지인가 배제적 선언지인가에 따라 선언판단은 결합적(포괄적) 선언판단과 배제적(배타적) 선언판단으로 나누어진다.

결합적 선언판단이란 결합적 선언지를 포함하고 있는 선언판단이다. 결합적 선언판단의 각 선언지들은 서로 배제하지 않으며 병존할 수 있다.

예를 들면 '기업은 상품을 생산하는 일 외에도 상품을 판매하기도 하고, 혹은 외국으로부터 수입하기도 하며, 혹은 생산설비를 빌려주고 임대료를 받는 일도 한다'라는 판단에는 네 개의 선언지가 들어 있는데, 이것들은 동시에 병존할 수 있으며 모두 참일 수 있다. 왜냐하면 어떤 기업은 생산활동만 할 수도 있고, 또 어떤 기업은 유통구조를 갖고 도·소매업을 겸할 수도 있으며, 또 다른 기업은 네 가지 활동을 모두 병행할 수도 있기 때문이다.

결합적(포괄적) 선언판단을 공식으로 표시하면 다음과 같다.

- 'p 혹은 q다' 또는 'p $\vee$ q'(부호 $\vee$는 '혹은'을 표시함) 또는 'S는 혹은 B거나 혹은 C거나 혹은 D다.'

결합적 선언판단의 각 선언지들은 병존할 수 있으며 동시에 참일 수 있다. 선언지들 중에서 적어도 한 개의 선언지가 참이기만 하면 결합적 선언판단은 참이 될 수 있다. 그렇지 않고 참인 선언지가 하나도 없다면 그 선언판단은 틀린 것이다.

선언지의 진리값(참 혹은 거짓)과 결합적(포괄적) 선언판단의 진리값의 함수관계를 다음과 같이 표시할 수 있다.

p	q	혹은 p 혹은 q
참	참	참
참	거짓	참
거짓	참	참
거짓	거짓	거짓

배제적 선언판단이란 배제적 선언지를 포함하고 있는 선언판단이다. 즉, 판단에서 단정한 몇 개의 선언지가 병존할 수 없으며, 그중 한 개의 선언지만 정확할 수 있는 선언판단이다.

예를 들면 '삼각형은 직각삼각형이거나 예각삼각형이거나 둔각삼각형이다'라는 판단은 배제적 선언판단이다.

배제적 선언판단을 공식으로 표시하면 다음과 같다.

  · 'p이거나 q이다' 또는 'p $\vee$ q 혹은 p+q'
  ($\vee$와 +는 연결사 '이거나'를 표시함)

배제적(배타적) 선언판단의 각 선언지는 서로 배제하기 때문에 배제적 선언판단이 옳은 것이 되려면 한 개의 선언지만이 참이 되어야 한다. 그렇지 않으면 그 판단은 틀린 것이 된다.

선언지의 진리값(참 혹은 거짓)과 배제적 선언판단의 진리값의 함수관계를 다음과 같이 표시할 수 있다.

p	q	혹은 p거나 q다
참	참	거짓
참	거짓	참
거짓	참	참
거짓	거짓	거짓

선언판단을 적용할 때 반드시 주의해야 할 점은 선언판단의 선언지를 하나도 빠짐없이 모두 제기해야 한다는 것이다. 그렇지 않고 어떤 선언지를 빼놓는다면 빼놓은 그 선언지가 옳은 것일 수 있기 때문에 틀린 판단을 내릴 수 있다.

선언판단은 우리가 사태 발전의 여러 가지 가능성을 전면적으로 예견하며, 항상 세밀하고도 빠짐없이 문제를 다루는 데에 있어서 매우 적극적인 의의를 가지고 있다.

14. 연언판단이란 무엇인가?

연언판단이란 몇 가지 상황이 동시에 존재한다고 단정하는 판단이다. 예를 들면 '콩은 식용작물일 뿐만 아니라 사료작물이기도 하다'라는 판단은 연언판단이다.

연언판단은 두 개 혹은 두 개 이상의 판단을 포함한다. 연언판단이 포함하는 판단을 연언지라고 한다.

연언판단을 공식으로 표시하면 다음과 같다.

· 'p일 뿐더러 q다' 또는 'p ∧ q'
(부호 ∧는 연결사 '일 뿐더러'를 표시함)

연언판단은 몇 가지 상황이 동시에 존재한다고 단정하는 판단이기 때문에, 그 진리값(참 혹은 거짓)은 각 연언지가 동시에 참이 되는가에 따라 규정된다. 만일 각 연언지가 다 참이면 이 연언판단은 참이고 연언지 중 어느 하나라도 거짓이면 이 연언판단은 거짓이다.

연언지의 진리값(참 혹은 거짓)과 연언판단의 진리값의 함수관계를 다음과 같이 표시할 수 있다.

p	q	p일 뿐더러 q다
참	참	참
참	거짓	거짓
거짓	참	거짓
거짓	거짓	거짓

15. 부(負) 판단이란?
부판단과 정언판단의 부정판단은 어떤 차이가 있는가?

부(負) 판단이란 어떤 판단을 부정하는 판단이다. 원판단이 p라면 그것의 부판단은 비p다.

예를 들면 '모든 학생이 논리학의 중요성을 깨달았다'의 부판단은 '모든 학생이 논리학의 중요성을 깨달은 것은 아니다'로 된다. 이와 같이 부판단은 원판단을 부정하는 판단이다.

부판단을 공식으로 표시하면 다음과 같다.

- '비p다' 또는 'p가 아니다'
    (비p를 부호 '$\bar{p}$'로 표시하기도 한다.)

부판단은 복합판단이다. 부판단 '비p' 중에는 원판단 'p'가 내포되어 있다. 부판단 '비p'의 진리값(참 혹은 거짓)은 원판단 'p'의 진리값(참 혹은 거짓)에 따라 규정된다. 만일 원판단 'p'가 참이면 부판단 '비p'는 거짓이 되고, 만일 원판단 'p'가 거짓이면 부판단 '비p'는 참이 된다.

원판단 'p'와 부판단 '비p'간의 진리 함수관계를 다음과 같이 표시할 수 있다.

p	비p
참	거짓
거짓	참

부판단과 정언판단의 부정판단은 다르다.
  정언판단의 부정판단은 사물이 어떤 속성을 가지지 않는다고 단정하는 것으로서 일종의 단순판단이다. 그러나 부판단은 원판단에서 단정한 정황, 즉 원판단 전부에 대한 부정으로서 일종의 복합판단이다.
  부판단과 그것이 포함하는 원판단의 관계는 모순관계다. 그러나 정언판단에서는 동일한 자료를 가진 긍정판단과 부정판단의 관계는 반대관계 또는 소반대관계다.

16. 선천적 판단이란?
   선천적 판단에는 어떤 것들이 있는가?

  선천적 판단이란 상황의 필연성과 개연성을 단정하는 판단이다.
  예를 들면 '빛이 있으면 반드시 그늘이 있다' '내일 비가 올 가능성이 있다'라는 두 판단은 모두 선천적 판단이다.
  선천적 판단이 단정하는 것이 상황의 필연성인가, 개연성인가에 따라 선천적 판단을 필연판단과 개연판단으로 나눈다. 상황의 필연성을 단정하는 선천적 판단을 필연판단이라 하고, 상황의 개연성을 단정하는 선천적 판단을 개연판단이라 한다.
  필연판단과 개연판단은 또한 각기 긍정적인 것일 수도 있고 부정적인 것일 수도 있다.
  그러므로 선천적 판단에는 다음의 네 가지 유형이 있다.

  긍정적 필연판단
  어떤 상황이 필연적으로 존재한다고 단정하는 판단이다. 예를 들면 '사회는 필연적으로 발전한다'는 판단은 긍정적 필연판단이다. 긍정적 필연판단을 공식으로 표시하면 다음과 같다.

　　・'필연적으로 p다' 혹은 'p는 필연적이다'

부정적 필연판단
　어떤 상황이 필연적으로 존재하지 않는다고 단정하는 판단이다. 예를 들면 '과학과 미신은 필연적으로 공존할 수 없다'는 부정적 필연판단이다. 부정적 필연판단을 공식으로 표시하면 다음과 같다.

　　・'필연적으로 비p다' 혹은 'p는 필연적이 아니다'

긍정적 개연판단
　어떤 상황이 가능하게 존재할 것이라고 단정하는 판단이다. 예를 들면 '내년 농사는 풍년이 들 가능성이 있다'라는 판단은 긍정적 개연판단이다. 긍정적 개연판단을 공식으로 표시하면 다음과 같다.

　　・'가능하게 p다' 혹은 'p는 가능하다'

부정적 개연판단
　어떤 상황이 가능하게 존재하지 않을 것이라고 단정하는 판단이다. 예를 들면 '그는 내일 서울로 가지 않을 가능성이 있다'라는 것은 부정적 개연판단이다. 부정적 개연판단을 공식으로 표시하면 다음과 같다.

- '비p일 가능성이 있다' 혹은 'p가 아닐 가능성이 있다'

17. 선천적 판단간의 진위관계는 어떠한가?

네 가지 선천적 판단간의 관계는 네 가지 정언판단 A, E, I,

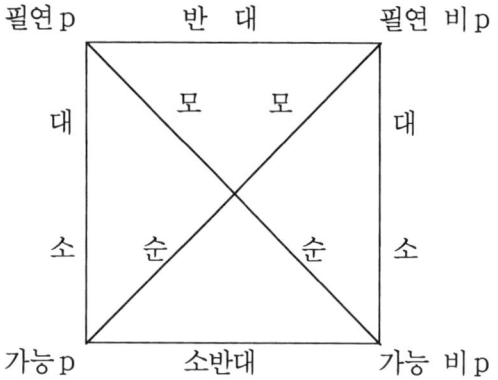

O간의 관계와 마찬가지로 일정한 진위관계, 즉 대당관계를 가지고 있다. 네 가지 선천적 판단간의 관계도 논리적 정방형(대당 사각형)에 의하여 위와 같이 표시할 수 있다.

이로부터 알 수 있는 바와 같이 네 가지 선천적 판단간의 진위관계에는 반대관계, 대소관계, 모순관계, 소반대관계 등 네 가지가 있다.

(1) 필연p와 필연 비p간의 관계는 반대관계다. 즉 그중의 하나가 참이면 다른 하나는 반드시 거짓이 되며, 하나가 거짓이면 다른 하나는 미정이 된다. 다시 말하면 두 판단이 동시에 참일 수는 없으나 동시에 거짓일 수는 있다.

예를 들면 '우리의 계획은 필연적으로 실현될 수 있다'가 참이면 '우리의 계획은 필연적으로 실현될 수 없다'는 반드시 거짓이 되며, '우리의 계획은 필연적으로 실현될 수 있다'가 거짓이면 '우리의 계획은 필연적으로 실현될 수 없다'는 미정으로서 참일 수도 있고 거짓일 수도 있다.

  (2) 필연p와 가능p, 필연 비p와 가능 비p간의 관계는 대소관계다. 즉, 필연p가 참이면 가능p는 반드시 참이 되며, 필연p가 거짓이면 가능p는 미정이다. 가능p가 참이면 필연p는 미정이며, 가능p가 거짓이면 필연p는 반드시 거짓이 된다. 필연 비p와 가능 비p간의 진위관계는 필연p와 가능p간의 진위관계와 같다. 다시 말하면 두 판단이 동시에 참이 될 수 있으며, 동시에 거짓이 될 수도 있는 관계가 있다.

  예를 들면 '그는 필연적으로 합격할 것이다'가 참이면 '그는 합격할 가능성이 있다'는 반드시 참이 되며, '그는 필연적으로 합격할 것이다'가 거짓이면, '그는 합격할 가능성이 있다'는 미정이 된다. '그는 합격할 가능성이 있다'가 거짓이면 '그는 필연적으로 합격할 것이다'는 반드시 거짓이 되며, '그는 합격할 가능성이 있다'가 참이 '그는 필연적으로 합격할 것이다'는 미정이 된다.

  (3) 필연p와 가능 비p, 필연 비p와 가능p간의 관계는 모순관계다. 그중 한 판단이 참이면 다른 한 판단은 반드시 거짓이 되며, 이와 반대로 한 판단이 거짓이면 다른 한 판단은 반드시 참이 된다. 즉, 양자는 동시에 참일 수 없으며 또 동시에 거짓일 수도 없는 관계가 있다.

  예를 들면 '그는 필연적으로 우등생이다'가 참이라면 '그는 우등생이 아닐 가능성이 있다'는 거짓이 되며, '그는 필연적으로 우등생이다'가 거짓이면 '그는 우등생이 아닐 가능성이 있다'는 참이 된다. 이와 반대의 경우도 마찬가지다.

(4) 가능p와 가능 비p간의 관계는 소반대관계다. 그중 한 판단이 거짓이면 다른 한 판단은 반드시 참이 되며, 한 판단이 참이면 다른 한 판단은 미정이 된다. 다시 말하면 두 개가 동시에 참일 수는 있으나 두 개가 동시에 거짓일 수는 없는 관계가 있다.

예를 들면 '오늘 비가 올 가능성이 있다'가 참이면 '오늘 비가 오지 않을 가능성이 있다'는 미정으로서 참일 수도 있고 거짓일 수도 있다. 그러나 '오늘 비가 올 가능성이 있다'가 거짓이면 '오늘 비가 오지 않을 가능성이 있다'는 반드시 참이 된다. 이와 반대로 '오늘 비가 오지 안을 가능성이 있다'가 참이면 '오늘 비가 올 가능성이 있다'는 미정으로서 참일 수도 있고 거짓일 수도 있다. 그러나 '오늘 비가 오지 않을 가능성이 있다'가 거짓이면 '오늘 비가 올 가능성이 있다'는 반드시 참이 된다.

연습문제

1. 판단과 문장의 관계에 대한 지식을 응용하여 아래의 글을 읽고 원님의 오류를 설명하라.

　옛날 한 고을에 어리석은 원님이 있었다. 하루는 낮잠을 자다가 꿈을 꾸었는데 선녀들이 하늘에서 내려오더니 온집안 식구들에게 새하얀 상복을 입히고 어디론지 멀리 데리고 가는 것이었다.
　꿈에서 깨어난 원님은 하도 심상찮아 하인을 불러다 놓고 꿈을 해몽하라고 명령했다. 하인은 이리저리 궁리한 끝에 이렇게 아뢰었다.
　"나리님, 참 좋은 꿈을 꾸셨나이다. 제가 해몽해 보니 그건 나리님의 온가족이 나리님보다 먼저 사망한다는 징조이옵니다."
　그러자 원님은 노발대발하면서 소리쳤다.
　"이놈아, 내 아내까지 다 먼저 죽으면 되나! 저 못된 놈에게 곤장 열 대를 안겨라!"
　이번에는 하녀를 불러다 놓고 해몽하라고 명했다. 하녀는 곰곰이 생각하고 나서 이렇게 말했다.
　"꿈괘를 해몽해 보니 나리님은 그 어느 식구들보다도 더 장수할 것 같사옵니다."
　그러자 원님은 그러면 그렇지 하면서 고개를 끄덕이고 나서 "하녀한테 보리 한 말을 상으로 주거라" 하고 명령했다.

2. 아래의 판단은 어떤 정언판단인가? 이 정언판단들이 참이면 판단의 대당관계(논리적 정방형)에 근거하여 각기 같은 소재를 가진 기타 세 개 판단의 진위관계를 제시하라.

    (1) 모든 사물은 변화한다.
    (2) 인간의 정확한 사상은 두뇌 속에 태어날 때부터 있던 것이 아니다.
    (3) 어떤 학생은 모범학생이다.
    (4) 어떤 금속은 고체가 아니다.

3. 아래의 판단은 어떤 정언판단인가? 이 정언판단들이 거짓이라면 판단의 대당관계(논리적 정방형)에 근거하여 각기 같은 소재를 가진 기타 세 가지 판단의 진위관계를 제시하라.

    (1) 무릇 유용한 이론은 모두 진리이다.
    (2) 모든 금속은 다 액체가 아니다.
    (3) 어떤 살인범은 선량한 사람이다.
    (4) 어떤 사람은 실수를 범하지 않는다.

4. 아래의 이야기를 읽고 정언판단의 대당관계로써 마크 트웨인의 '수정'이 무엇을 의미하는가를 답하라.

    미국의 저명한 작가 마크 트웨인은 한 연회석상에서 기자의 물음에 대답하면서 '미국 국회의 어떤 의원은 썩어빠졌다'라고 말했다.
    그후 기자는 마크 트웨인의 이 말을 그대로 신문에 발표했다.

그러자 워싱턴의 국회의원들은 노발대발하며 마크 트웨인에게 사실을 똑똑히 밝히거나 그렇지 않으면 잘못을 인정하는 성명을 신문에 발표하지 않으면 법률적 수단을 쓰겠다고 위협했다.

며칠 후 『뉴욕타임즈』에는 과연 다음과 같은 마크 트웨인의 '성명'이 게재되었다.

"며칠 전에 나는 연회에서 '미국 국회의 어떤 의원은 썩어빠졌다!'라고 말했다.

그후 어떤 사람들은 잘못을 인정하라고 나에게 계속 협박했다.

나는 다시 고려해 보았는데 내가 연회에서 한 그 말은 그리 타당하지 않다고 생각되었다. 그러므로 나는 오늘 특별히 성명을 발표하여 나의 말을 다음과 같이 수정한다.

'미국 국회의 어떤 의원은 썩어빠지지 않았다.'"

5. 아래에 열거한 관계판단의 대칭성 관계는 어떠한가?

   (1) 한국 야구팀은 미국 야구팀을 이겼다.
   (2) 승남이는 영희를 믿는다.
   (3) 1m는 100cm와 동등하다.

6. 아래에 열거한 관계판단의 이행성 관계는 어떠한가?

   (1) 만수는 상호보다 늦게 오고 상호는 수길보다 늦게 왔다.
   (2) 나는 순자를 좋아하고 순자는 길남이를 좋아한다.
   (3) a와 b는 모순관계이고 b와 c는 모순관계이다.

7. 아래에 열거한 판단들이 각기 어떤 조건판단인가를 답하라.

⑴ 감기에 걸리면 열이 난다.
⑵ 오직 정직한 사람만이 성공할 수 있다.
⑶ 온도가 올라 간다면 또 온도가 올라가야만 온도계의 수은주가 올라가게 된다.

8. 아래에 열거한 선언판단의 종류, 연결사, 선언지를 밝혀라.

⑴ 그들이 시합에서 이긴 원인은 상대방보다 체력이 강하거나 상대방보다 전술이 좋아서가 아니다.
⑵ 아버지를 설득시키려면 단 한 사람만 가야 한다. 혹은 네가 가거나 혹은 그가 가거나 혹은 내가 가야 한다.

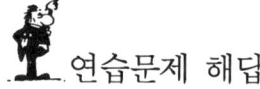
연습문제 해답

1. 이 이야기에서 하인이 한 말과 하녀가 한 말은 다르지만 동일한 판단을 표현했다. 즉, '다른 식구들은 원님보다 먼저 사망할 것이다'라는 것과 '원님은 다른 식구들보다 장수할 것이다'라는 것은 다른 문장이지만 동일한 판단을 표현했다. 원님은 이 사실도 모르고 좋아하였으니 어리석기 짝이 없는 것이다.

2. ⑴ 이 판단은 A판단이다. A가 참일 때 반대관계에 의하여 E는 거짓이고 대소관계에 의하여 I는 참이고 모순관계에 의하여 O는 거짓이다.
   ⑵ 이 판단은 E판단이다. E가 참일 때 반대관계에 의하여 A는 거짓이고 대소관계에 의하여 O는 참이고 모순관계에

의하여 I는 거짓이다.
- (3) 이 판단은 I판단이다. I가 참일 때 모순관계에 의하여 E는 거짓이고 대소관계에 의하여 A는 미정이고 소반대관계에 의하여 O는 미정이다.
- (4) 이 판단은 O판단이다. O가 참일 때 모순관계에 의하여 A는 거짓이고, 대소관계에 의하여 E는 미정이고, 소반대관계에 의하여 I는 미정이다.

3. (1) 이 판단은 A판단이다. A가 거짓일 때 모순관계에 의하여 O는 참이고 반대관계에 의하여 E는 미정이고 대소관계에 의하여 I는 미정이다.
- (2) 이 판단은 E판단이다. E가 거짓일 때 모순관계에 의하여 I는 참이고 반대관계에 의하여 A는 미정이고 대소관계에 의하여 O는 미정이다.
- (3) 이 판단은 I판단이다. I가 거짓일 때 모순관계에 의하여 E는 참이고 대소관계에 의하여 A는 거짓이고 소반대관계에 의하여 O는 참이다.
- (4) 이 판단은 O판단이다. O가 거짓일 때 모순관계에 의하여 A는 참이고 대소관계에 의하여 E는 거짓이고 소반대관계에 의하여 I는 참이다.

4. 마크 트웨인이 연회석상에서 '미국 국회의 어떤 의원은 썩어빠졌다!'라고 한 것은 '어떤 S는 P다'라는 I판단(단칭긍정판단)이고 그후 신문에 발표한 성명에서 '미국 국회의 어떤 의원은 썩어빠지지 않았다!'라고 수정한 것은 '어떤 $_oS$는 P가 아니다'라는 O판단(단칭부정판단)이다.

판단의 대당관계를 통하여 알 수 있는 바와 같이 I판단과 O판단은 소반대관계로서 두 판단이 다 참일 수는 있으나 두 판단이 다 거짓일 수는 없는 것이다. 다시 말하면 '미국 국회의 어떤 의원은 썩어빠지지 않았다'라는 판단이 참이라 하여 '미국 국회의 어떤 의원은 썩어빠졌다'라는 판단이 거짓이라는 것을 의미하지 않는 것이다.
그러므로 마크 트웨인의 '수정'은 사실상 아무 것도 수정하지 않았음을 의미한다.

5. (1) '이겼다'는 반대칭적 관계다.
   (2) '믿는다'는 비대칭적 관계다.
   (3) '동등'은 대칭적 관계다.

6. (1) '……보다 늦게 왔다'는 이행적 관계다.
   (2) '좋아한다'는 비이행적 관계다.
   (3) '모순관계'는 반이행적 관계다.

7. (1) 이것은 충분조건의 조건판단이다.
   (2) 이것은 필요조건의 조건판단이다.
   (3) 이것은 필요충분조건의 조건판단이다.

8. (1) 이 판단은 결합적 선언판단이다.
       연결사는 '……거나……'이다.
       선언지는 '시합에서 이기게 된 원인은 상대방보다 체력이 강하다'는 것과 '시합에서 이기게 된 원인은 상대방보다 전술이 좋다'는 것이다.

(2) 이 판단은 배제적 선언판단이다.
연결사는 '혹은……혹은……혹은……'이다.
선언지는 '네가 가야 한다', '그가 가야 한다', '내가 가야 한다'이다.

제4장
연역추리

1. 추리란? 추리에는 어떤 종류들이 있는가?

추리란 한 개 혹은 몇 개의 판단으로부터 다른 한 개의 새로운 판단을 도출하는 사유의 과정이자 형식이다. 예를 들면,

(1) · 모든 금속은 전기를 전도할 수 있다.
　　· 철은 금속이다.
　　· 그러므로, 철은 전기를 전도할 수 있다.

(2) · 금은 전기를 전도할 수 있다.
　　· 구리는 전기를 전도할 수 있다.
　　· 납은 전기를 전도할 수 있다.
　　· 철은 전기를 전도할 수 있다.
　　· 금, 구리, 납, 철은 모두 금속이다.
　　· 그러므로, 모든 금속은 전기를 전도할 수 있다.

이것은 모두 추리다.

추리는 하나의 인식방법이다. 인간의 모든 지식은 사회적 실천을 토대로 하여 얻어진다. 간단한 어떤 지식들은 추리를 거치지 않고서도 얻을 수 있으나, 대부분의 지식들, 특히 사물의 본질에 관한 지식은 추리를 거쳐야 얻을 수 있다.

추리는 전제와 결론의 두 부분으로 구성되어 있다. 추리할 때 의거하게 되는 판단을 전제라 하고, 그 전제로부터 도출되는 새로운 판단을 결론이라 한다.

추리는 추리과정의 방향에 따라 연역추리, 귀납추리, 유비추리로 나누어진다. **연역추리**는 일반적인 것으로부터 특수한 것 혹은 개별

적인 것에 이르는 추리다. 위에서 든 예 (1)이 바로 연역추리다. **귀납추리**는 특수한 것 혹은 개별적인 것으로부터 일반적인 것에 이르는 추리다. 위에서 든 예 (2)가 바로 귀납추리다. **유비추리**는 특수한 것으로부터 특수한 것에 이르는 추리다. 예를 들면,

- 달에는 공기가 없고 물이 없고 생명도 없다.
- 화성에도 공기가 없고 물이 없다.
- 그러므로, 화성에도 생명이 없을 것이다.

연역추리는 또 단순판단의 연역추리와 복합판단의 연역추리로 나누어진다. 단순판단의 연역추리는 직접추리와 간접추리(삼단논법)로 나누어진다. 직접추리는 또 판단의 변형에 의한 직접추리, 대당관계에 의한 직접추리, 역관계를 이용하는 직접추리로 나누어진다. 복합판단의 연역추리는 조건추리, 선언추리, 연언추리, 양도추리로 나누어진다. 그리고 귀납추리는 완전귀납추리와 불완전귀납추리로 나누어진다. 불완전귀납추리는 또 단순열거에 의한 귀납추리, 과학적 귀납추리 등으로 나누어진다.

2. 논리에 맞게 추리를 하려면 어떤 점에 주의해야 하는가?

지능이 정상적인 사람으로서 일정한 연령에 도달하면 누구나 추리를 할 줄 알게 된다. 그러나 추리를 할 줄 안다는 것이 곧 추리를 정확하게 한다는 것을 의미하지는 않는다. 논리에 맞게 추리를 하려면 반드시 아래와 같은 점에 주의해야 한다.

첫째, 추리의 전제가 되는 판단이 참이어야 한다. 추리의 전제가 되는 판단이 옳지 않으면 도출된 결론도 옳지 않게 된다. 예를 들면,

- 물속에 사는 동물은 모두 어류다. (전제)
- 고래는 물속에 산다.
- 그러므로, 고래는 어류다. (결론)

이것은 삼단논법의 추리형식인데 추리형식은 정확하지만 추리의 전제가 옳지 않다. 우리가 알고 있는 바와 같이 물속에 사는 것 중에는 물고기처럼 어류가 있는가 하면 고래와 같은 포유류도 있고 또 악어와 같은 파충류도 있다. 그러므로 '물속에 사는 동물은 모두 어류다'라는 전제는 옳지 못한 것이다. 옳지 못한 이런 전제로부터 도출된 '고래는 어류다'라는 결론은 역시 잘못된 것이 될 수밖에 없다.

둘째, 추리의 형식이 추리의 규칙에 맞아야 한다. 전제가 되는 판단이 진실한 것이라 해도 추리가 추리의 규칙에 맞지 않는 형식을 취하면 역시 정확한 결론을 도출해 낼 수 없다. 예를 들면

- 저 사람은 수영선수다. (전제)
- 이 아이는 저 사람의 아들이다.
- 그러므로, 이 아이는 수영을 할 줄 안다. (결론)

이것도 역시 삼단논법의 추리형식인데 전제는 옳지만 전제와 결론간에 논리적 연관이 없으며 추리의 형식이 틀렸다. 그러므로 도출된 결론도 역시 필연적으로 참이 되지 못한다.

3. 환질법이란? 어떻게 환질법 추리를 진행시키는가?

환질법이란 원래의 판단의 질을 바꾸는 방법, 즉 긍정판단을 부정판단으로 고치거나 부정판단을 긍정판단으로 고쳐 새로운 판단을 도출하는 직접추리다.

환질법 추리에는 두 가지 규칙이 있다.

첫째, 전제의 질을 바꿔야 한다. 즉 긍정을 부정으로 고치거나 부정을 긍정으로 고쳐야 한다.

둘째, 전제의 술어를 그것의 부개념으로 고쳐야 한다. 즉, 술어 P를 비P($\overline{P}$)로 고쳐야 한다.

이 규칙에 따라 A, E, I, O의 네 가지 판단을 모두 환질할 수 있다.

(1) SAP를 SE$\overline{P}$로 환질

예를 들면 '모든 사물은 변화한다'를 '모든 사물은 변화하지 않는 것이 아니다'로 환질한다.

(2) SEP를 SA$\overline{P}$로 환질

예를 들면 '미신을 믿는 것은 과학적 사고방식이 아니다'를 '미신을 믿는 것은 비과학적 사고방식이다'로 환질한다.

(3) SIP를 SO$\overline{P}$로 환질

예를 들면 '어떤 학생의 의견은 정확한 것이다'를 '어떤 학생의 의견은 부정확한 것이 아니다'로 환질한다.

(4) SOP를 SI$\overline{P}$로 환질

예를 들면 '어떤 만화는 교육적이지 않다'를 '어떤 만화는 비교육적이다'로 환질한다.

환질법은 원래의 판단의 질을 바꾸는 방법으로 원래의 판단의 내용을 더욱 적극적이고도 선명하게 표현하는 데 그 의의가 있다.

예를 들면 '모든 사물은 인식할 수 있는 것이다. 즉 모든 사물은 인식할 수 없는 것이 아니다'라는 추리는 긍정과 부정의 두 측면으로부터 모든 사물은 인식할 수 있다는 것을 더욱 선명하고도 강력하게 표현했다.

4. 환위법이란? 어떻게 환위법 추리를 진행시키는가?

환위법이란 판단의 주어와 술어의 위치를 바꿈으로써 새로운 판단을 도출하는 직접추리다.

환위법 추리에는 두 가지 규칙이 있다.

첫째, 전제 판단의 질을 바꾸지 말아야 한다. 전제의 질이 긍정판단으로 되어 있다면 결론의 질도 반드시 긍정판단이어야 하며, 전제의 질이 부정판단으로 되어 있다면 결론의 질도 반드시 부정판단으로 되어야 한다.

둘째, 전제 중에서 부주연되었던 개념은 환위한 후에도 주연되지 말아야 한다.

이 규칙에 따라 A, E, I의 세 가지 판단을 모두 환위할 수 있다.

(1) SAP를 PIS로 환위

예를 들면 '모든 대학생은 학생이다'를 '어떤 학생은 대학생이다'로 환위한다. 이것을 '제한환위'라 한다.

환위법의 규칙에 의하여 SAP를 PAS로 환위할 수는 없다. 왜냐 하면 P라는 이 개념이 전제 SAP 중에서는 부주연되었는데 결론 PAS 중에서 주연되고 있기 때문이다. 즉, '모든 대학생은 학생이다'(SAP)를 '모든 학생은 대학생이다'(PAS)로 환위한다면 그것은 잘못된 것이다.

(2) SEP를 PES로 환위

예를 들면 '모든 과학은 미신이 아니다'를 '모든 미신은 과학이 아니다'로 환위한다.

(3) SIP를 PIS로 환위

예를 들면 '어떤 청년은 학생이다'를 '어떤 학생은 청년이다'로 환위한다.

(4) SOP는 환위할 수 없다.

O판단 '어떤 S는 P가 아니다'에서 S는 부주연되고 P는 주연된다. 그런데 이것을 환위하여 '어떤 P는 S가 아니다'로 된다면 S가 주연되게 되므로 환위법의 규칙을 위반하게 된다.

예를 들면 '어떤 동물은 소가 아니다'를 환위하여 '모든 소는 동물이 아니다'라거나 '어떤 소는 동물이 아니다'로 된다면 그것은 잘못된 것이다.

환위법은 다른 측면으로부터 판단 중에서의 S와 P의 관계를 전면적으로 이해할 수 있게 하며, 또 원래 판단 중에서의 P의 주연 관계를 명확히 제시해 줄 수 있다.

5. 환질환위법이란?
어떻게 환질환위법 추리를 진행시키는가?

환질환위법이란 환질법과 환위법을 동시에 적용하여 새로운 판단을 도출하는 직접추리를 말한다. 환질환위법은 두 단계로 나누어 진행되는데, 먼저 원래의 판단을 환질하고 그 다음 환질한 판단을 환위한다.

환질환위법을 적용할 때에는 환질법과 환위법의 규칙을 다 준수해야 한다.

A, E, I, O의 네 가지 판단의 환질환위 형태는 다음과 같다 ('→'표는 도출관계를 표시한다).

(1) SAP→SE$\overline{P}$→$\overline{P}$ES

예를 들면 '모든 과학은 합리적인 학문이다'를 환질하면 '모든 과학은 비합리적인 학문이 아니다'로 되고, 또 이것을 환위하면 '비합리적인 학문은 과학이 아니다'로 된다. 이와 같이 '모든 과학은 합리적인 학문이다'를 전제로 하여 '비합리적인 학문은 과학이 아니다'라는 새로운 판단을 도출하게 된다.

(2) SEP→SA$\overline{P}$→$\overline{P}$IS

예를 들면 '모든 폭력 행위는 정의로운 행위가 아니다'를 환질하면 '모든 폭력행위는 비정의로운 행위다'로 되고, 또 이것을 환위하면 '어떤 비정의로운 행위는 폭력행위다'로 된다.

(3) SIP는 환질환위할 수 없다.

왜냐하면 SIP를 환질하면 SOP로 되는데, SOP는 더 환위할 수 없기 때문이다. 그러므로 I판단은 환질환위할 수 없다.

(4) SOP→SI$\overline{P}$→$\overline{P}$IS

예를 들면 '어떤 금속은 고체가 아니다'를 환질하면 '어떤 금속은 비고체다'로 되고, 이것을 환위하면 '어떤 비고체는 금속이다'로 된다.

환질환위법은 환질법과 환위법의 장점을 다 가지고 있어 판단의 내용을 더욱 폭넓고도 깊이있게 제시할 수 있거니와 그것을 선명하고도 명쾌하게 표현할 수 있다.

6. 판단의 대당관계에 의한 직접추리에는 어떤 종류들이 있는가?

대당관계에 의한 직접추리란 한 판단의 참 혹은 거짓으로부터 동일한 재료의 기타 판단의 참 혹은 거짓을 도출해 내는 직접추리다.

논리적 정방형에서 A, E, I, O의 네 가지 판단간의 네 가지 관계는 판단의 대당관계에 의한 직접추리의 규칙이기도 하다. 그 중에서 '미정'(참도 거짓도 될 수 있는 것)의 규칙을 제외한 다른 것들은 모두 직접추리를 진행시키는 근거가 된다. 이런 추리에는 네 가지 종류가 있다.

(1) 한 판단의 참으로부터 다른 한 판단의 참을 도출한다. 즉, 대소관계에서 A의 참으로부터 I의 참을 도출하며, E의 참으로부터 O의 참을 도출한다.

예를 들면 '모든 금속은 전기를 전도할 수 있다'라는 A판단의 참으로부터 '어떤 금속은 전기를 전도할 수 있다'라는 I판단의 참을 도출할 수 있다.

(2) 한 판단의 거짓으로부터 다른 한 판단의 거짓을 도출한다. 즉, 대소관계에서 I, O의 거짓으로부터 A, E의 거짓을 도출한다.

예를 들면 '어떤 인간은 영원히 죽지 않는다'라는 I판단의 거짓으로부터 '모든 인간은 영원히 죽지 않는다'라는 A판단의 거짓을 도출할 수 있다.

(3) 한 판단의 참으로부터 다른 한 판단의 거짓을 도출한다. 이것은 모순관계에 있는 A와 O, E와 I, O와 A, I와 E, 그리고 반대관계에 있는 A와 E, E와 A간에서 다 진행될 수 있다.

예를 들면 '모든 사물 내부에는 모두 모순이 있다'라는 A판단의 참으로부터 반대관계에 있는 E판단과 모순관계에 있는 O판단의 거짓 즉 '모든 사물 내부에는 모두 모순이 없다'와 '어떤 사물 내부에는 모순이 없다'의 거짓을 도출할 수 있다.

(4) 한 판단의 거짓으로부터 다른 한 판단의 참을 도출한다. 이것은 모순관계에 있는 A와 O, E와 I, 그리고 소반대관계에 있는 I와 O간에서 모두 진행될 수 있다.

예를 들면 '어떤 야자나무는 열대식물이 아니다'라는 O판단의 거짓으로부터 A판단과 I판단의 참, 즉 '모든 야자나무는 열대식물이다'와 '어떤 야자나무는 열대식물이다'의 참을 도출할 수 있다.

7. 역관계란 무엇인가?

역관계란 원래의 판단의 주어와 술어에 어떤 성질을 표시하는 개념을 첨가하여 새로운 판단을 도출하는 직접추리다.

역관계를 공식으로 표시하면 다음과 같다.

· S는 P다 → QS는 QP다.

예를 들면 '화폐는 상품의 유통을 매개하는 수단이다'라는 판단으로부터 '한국 화폐는 한국 상품의 유통을 매개하는 수단이다'라는 새로운 판단을 도출할 수 있다.

역관계에서 주의해야 할 것은 결론의 주어에 첨가하는 개념과 결론의 술어에 첨가하는 개념이 반드시 동일해야 한다는 것이다. 그렇지 않고 결론의 주어와 술어에 첨가하는 개념이 각기 다르게 되면 그 추리는 부정확한 것으로 된다. 첨가하는 단어가 동일하지만 그것이 맥락에 따라 상대적인, 다른 개념을 표시하는 경우에 특히 주의해야 한다.

예를 들면 '참새는 동물이다' → '큰 참새는 큰 동물이다'라고 추리한다면 이것은 잘못된 것으로 된다. 왜냐하면 결론의 주어와 술어에 첨가한 '큰'은 단어가 동일하지만 개념은 동일하지 않기 때문이다. 결론의 주어에 첨가한 '큰'이라는 개념은 참새들 중의 큰 것을 표시하고, 결론의 술어에 첨가한 '큰'이라는 개념은 동물들 중의 대소의 구별을 표시한다. 큰 동물이란 소, 말, 코끼리와 같은 대동물을 가리키는 바 참새는 대동물에 속할 수 없다. 그러므로 이 결론은 잘못된 것이다.

8. 삼단논법이란? 삼단논법의 구조는 어떠한가?

삼단논법란 세 개의 정언판단으로 구성된 간접추리다. 이 세 개의 판단 가운데 두 개의 판단은 전제이고 한 개의 판단은 결론이다. 세 판단의 주어와 술어들은 세 개의 다른 개념을 표현할 뿐이다. 세 개의 판단에 여섯 개의 개념이 들어 있지만, 두 개씩 중복되어 있으므로 실제로는 세 개의 개념이 들어 있는 것이다.

삼단논법을 구성하는 세 판단이 세 개의 개념으로 이루어져 있는 것이 삼단논법의 구조적 특징이다. 예를 들면 다음과 같다.

- 정직한 사람은 법을 무서워하지 않는다.
- 김씨아저씨는 매우 정직하다.
- 그러므로 김씨아저씨는 법을 무서워하지 않는다.

삼단논법에서 결론의 주어가 되는 개념을 소개념이라 부르며,

결론의 술어가 되는 개념을 대개념이라 부른다. 대개념을 포함하고 있는 전제를 대전제라 부르고, 소개념을 포함하고 있는 전제를 소전제라 부른다. 두 전제에는 들어 있으나 결론에는 나타나지 않은 개념을 매개념이라 부른다.

논리학에서는 소개념을 S(주어를 뜻하는 Subjectum의 첫 글자), 대개념을 P(술어를 뜻하는 Praedicatum의 첫 글자), 매개념을 M(중간을 뜻하는 Medius의 첫 글자)이라는 라틴어 문자의 기호로 표시한다.

이와 같이 삼단논법은 소개념(S), 대개념(P), 매개념(M)의 세 가지 다른 개념과 대전제, 소전제, 결론의 세 가지 판단으로 구성되어 있다.

삼단논법에서 매개념(M)은 아주 중요한 역할을 한다. 소개념과 대개념은 전제 중에서 직접 연결되는 것이 아니라 매개념의 매개작용을 통하여 연결된다. 그러므로 매개념이 없으면 소개념과 대개념을 연계시킬 수 없으므로 추리를 구성할 수 없게 된다.

위에서 든 예의 논리적 구조를 공식으로 표시하면 다음과 같다.

모든 M은 P이다.	M——P
S는 M이다.	S——M
그러므로, 모든 S는 P이다.	∴S——P

9. 삼단논법의 공리란 무엇인가?

삼단논법은 우리가 이미 알고 있을 뿐 아니라 또 우리가 늘 쓰고 있는 추리형식이다. 그런데 삼단논법은 어떻게 두 개의 같은 매개념을 가진 두 개의 전제로 모두가 인정하는 결론을 추리해 내게 되는가? 이것은 바로 삼단논법의 추리형식이 삼단논법의 공리(公理)를 근거로 하고 있기 때문이다.

공리란 증명할 필요가 없이 누구나 경험으로 알 수 있는 추리의 근본 명제다.

삼단논법의 공리는 다음과 같다.

첫째, 한 부류의 대상 전체에 대하여 무엇이라고 긍정했다면, 그 부류 중의 개별적 혹은 부분적 대상에 대해서도 무엇이라고 긍정해야 한다.

둘째, 한 부류의 대상 전체에 대하여 무엇이 아니라고 부정했다면, 그 부류 중의 개별적 혹은 부분적 대상에 대해서도 무엇이라고 부정해야 한다.

긍정판단으로 구성되는 판단을 예로 들어 첫째 공리를 설명하면 다음과 같다.

- 모든 과학(M)은 유용한 것(P)이다.
- 논리학(S)은 과학(M)이다.
- 그러므로, 논리학(S)은 유용한 것(P)이다.

이것을 그림으로 표시하면 다음과 같다.

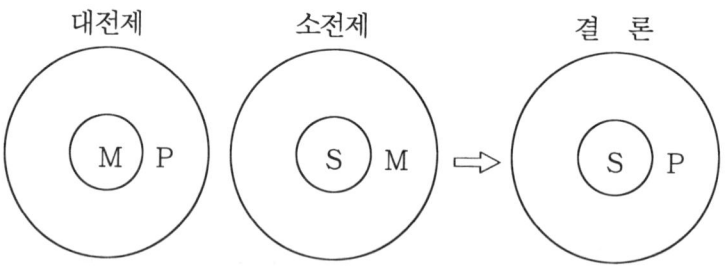

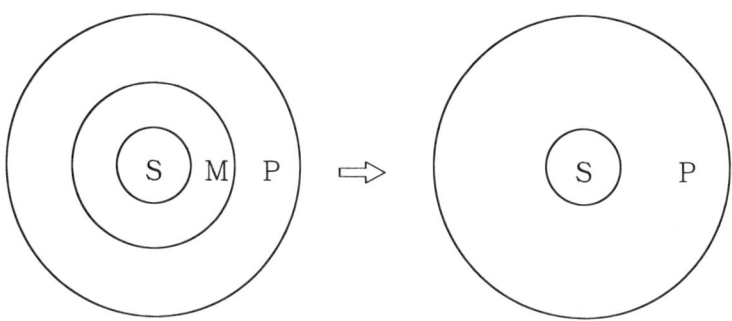

부정판단으로 구성되는 판단을 예로 들어 둘째 공리를 설명하면 다음과 같다.

  · 문학(M)은 조형예술(P)이 아니다.
  · 소설(S)은 문학(M)이다.
  ―――――――――――――――――――
  · 그러므로, 소설(S)은 조형예술(P)이 아니다.

이것을 그림으로 표시하면 다음과 같다.

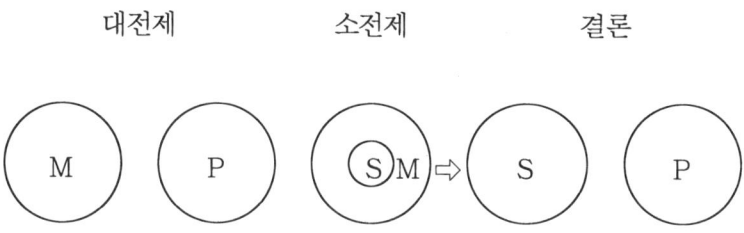

삼단논법은 바로 이러한 공리에 근거하여 추리를 진행하게 되는 것이다.

10. 삼단논법의 규칙들에는 어떠한 것들이 있는가?

삼단논법은 우리의 일상생활 가운데서 흔히 쓰이는 추리형식이다. 그러므로 우리는 삼단논법을 정확하게 적용해야 한다. 삼단논법을 정확하게 적용하려면 삼단논법의 추리형식의 다음과 같은 규칙들을 준수해야 한다.

첫째, 삼단논법에는 세 개의 개념만 있어야 한다.

삼단논법은 매개념이 대전제와 소전제 사이에서 매개작용을 하면서 대개념과 소개념간의 관계를 확정하는 결론을 도출한다. 그러므로 삼단논법은 오직 세 개의 개념에 의하여 구성되어야 한다. 개념 하나로는 판단을 구성하지 못하기 때문에 삼단논법을 이루지 못하며, 개념 두 개로는 판단 하나밖에 구성하지 못하기 때문에 삼단논법을 이루지 못한다. 개념이 네 개라면 공통된 매개념이 없게 되므로 삼단논법의 추리가 성립될 수 없다.

그러므로 우리가 쉽게 오해하게 되는 것은 보기에는 세 개의 개념인 듯하나 사실은 네 개의 개념인 경우다. 즉, 매개념이 동일한 단어로 되어 있지만, 그것이 다른 개념을 표시하는 경우에 흔히 이 규칙을 위반하게 되는 것이다. 예를 들면,

· 한국의 젊은이는 부지런하다.
· 나는 한국의 젊은이다.
―――――――――――――――――
· 그러므로, 나는 부지런하다.

여기에서 매개념으로 되어 있는 것이 '한국의 젊은이'다. 그런데 '한국의 젊은이는 부지런하다'라는 대전제에서의 '한국의 젊은이'는 집합개념으로서 한국의 젊은이 전체를 가리키는 것이고, '나는 한

국의 젊은이다'에서의 '한국의 젊은이'는 개체개념으로서 한국 젊은이 가운데 한 사람임을 가리키는 것이다. 그러므로 '한국의 젊은이'라는 이 동일한 단어는 두 전제 속에서 다른 개념을 표시하고 있다. 이런 추리에는 실제로는 네 개의 개념이 들어 있는 것이고, 매개념이 없기 때문에 결론을 도출해 낼 수 없다. 그럼에도 불구하고 억지로 결론을 도출한다면 그 결론은 그릇된 것으로 된다. 이런 오류를 논리학에서 사개명사(四個名辭)의 오류라고 한다.

둘째, 매개념은 두 개의 전제 중에서 적어도 한번은 주연되어야 한다. 다시 말하자면 전제가 되는 판단이 적어도 한번은 매개념의 외연 전체를 단정해야 한다. 왜냐하면 대전제와 소전제를 연결시키는 매개념이 두 개의 전제 중에서 한번도 주연되지 않는다면, 두 개의 매개념이 같은 대상의 다른 부분을 가리키게 되어 매개작용을 하지 못하게 되기 때문이다. 예를 들면,

· 모든 소설가는 문인이다.
· 시인은 문인이다
―――――――――――――――
· 그러므로 시인은 소설가다.

이 예에서 '문인'이라는 개념은 매개념인데 두 전제 중에서 한번도 주연되지 않았다. 그러므로 이런 매개념은 매개작용을 하지 못한다. 이것을 그림으로 표시하면 다음과 같다.

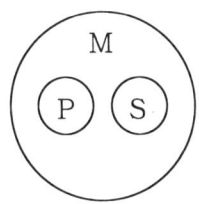

그럼에도 불구하고 '시인은 소설가다'라는 결론을 도출한다면 잘못된 것이다. 왜냐하면 시인은 소설가일 수도 있고 소설가가 아닐 수도 있기 때문이다. 이런 오류를 논리학에서 '매개념 부주연의 오류'라고 한다.

셋째, 전제에서 주연되지 않은 개념을 결론에서 주연되게 해서는 안 된다.

삼단논법은 연역추리로서 일반적인 원리로부터 개별적 대상에 관한 결론을 도출하는 추리형식이다. 그런데 전제에서 주연되지 않았던 대개념이나 소개념을 결론에서 주연되게 하면, 전제에서 외연의 일부에 대해 말한 것을 결론에서 외연의 전부에 대해 말하게 되므로 삼단논법의 공리에 위반된다. 예를 들면,

- 학생들은 민족의 장래를 책임져야 한다.
- 나는 학생이 아니다.
- 그러므로, 나는 민족의 장래를 책임질 필요가 없다.

이 예에서 대전제 중의 '민족의 장래를 책임져야 한다'는 대개념은 주연되지 않고 있다. 다시 말하면 '민족의 장래를 책임져야 한다'는 외연에는 학생뿐 아니라 일반 국민도 있는 것이다. 그런데 결론에서는 그것이 주연되어 있다. 왜냐하면 '나는 민족의 장래를 책임질 필요가 없다'는 것은 바로 나는 민족의 장래에 관심을 기울여야 할 사람 중의 그 어떤 사람도 아니라는 것이기 때문이다. 이와 같이 대전제에서 주연되지 않은 개념이 결론에서 주연되어 생기는 논리적 오류를 '대개념 부당주연의 오류'라고 한다. 또 예를 들면,

제4장 연역추리 115

· 인간은 사유능력을 가진 존재다.
· 인간은 동물이다.
─────────────────────────
· 그러므로, 동물은 사유능력을 가진 존재다.

　여기에서 '동물'은 소개념이며 전제에서 주연되지 않았다. 그런데 결론에서는 소개념이 주연되어 있으므로 잘못된 것이다. 이와 같이 소전제에서 주연되지 않은 소개념이 결론에서 주연되어 생기는 논리적 오류를 '소개념 부당주연의 오류'라고 한다.
　이상의 세 가지 규칙은 개념에 대한 규칙이다.
　넷째, 두 전제가 모두 부정판단이면 대개념은 매개념 밖으로 배제되고 소개념도 매개념 밖으로 배제되어 매개념이 매개작용을 할 수 없게 된다. 예를 들어,

· 한국의 군인은 비겁하지 않다.
· 그는 한국의 군인이 아니다.
─────────────────────────
· 그러므로 그는?

　이것을 그림으로 표시하면 다음과 같다.

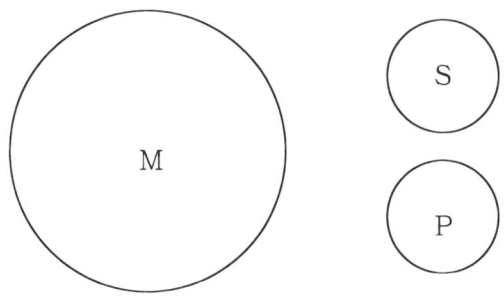

이와 같이 두 전제가 모두 부정판단이면 결론을 도출해 낼 수 없다. 이 규칙을 위반하여 생기는 논리적 오류를 '두 전제 부정(양부정)의 오류'라고 한다.

다섯째, 두 전제 중의 하나가 부정판단이면 결론은 반드시 부정판단으로 된다.

한 전제가 부정판단이라는 것은 대개념 또는 소개념 중 어느 하나가 매개념과 서로 배제관계에 있다는 것을 의미한다. 그리고 다른 한 전제가 긍정판단이라는 것은 대개념이나 소개념이 매개념과 서로 주연관계에 있다는 것을 의미한다. 이런 두 개의 전제로부터는 필연적으로 부정판단의 결론이 도출되는 것이다. 예를 들면,

· 인간은 모두 동물이다.
· 돌은 동물이 아니다.
· 그러므로 돌은 인간이 아니다.

이것을 그림으로 표시하면 다음과 같다.

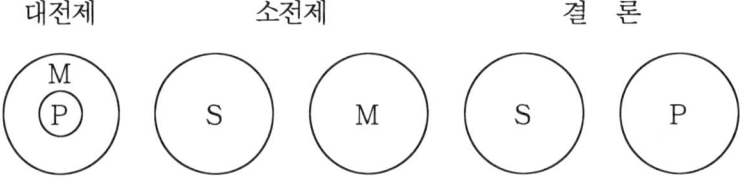

이와 같이 전제 가운데 어느 하나가 부정판단이면 결론은 꼭 부정판단으로 되어야 한다. 이 규칙을 위반하고 긍정판단의 결론을 도출하는 논리적 오류를 '부당긍정의 오류'라고 한다.

여섯째, 두 전제가 특칭판단이면 아무런 결론도 도출해 낼 수

없다.

　두 전제가 모두 특칭판단으로 되어 있다는 것은 대전제와 소전제가 II거나, OO, IO거나 OI로 되어 있는 경우를 말한다.
　·II의 경우(두 전제가 모두 특칭긍정판단)
　이 경우에는 주연된 개념이 하나도 없게 되므로 II 전제로부터 결론을 도출하게 되면 '매개념 부주연의 오류'(규칙 2)를 범하게 된다.
　·OO의 경우(두 전제가 모두 특칭부정판단)
　이 경우에는 규칙 4를 위반하게 되어 아무런 결론도 도출해 낼 수 없게 된다.
　·IO 또는 OI의 경우(두 전제 중의 하나가 특칭긍정판단이고 다른 하나가 특칭부정판단)
　이 경우에 주연된 개념은 하나로서 그것은 O판단의 술어다. 만일 '매개념 부주연의 오류'를 피하려면 유일하게 주연된 개념을 매개념으로 해야 한다. 두 전제 중 하나가 부정판단이므로 결론은 반드시 부정판단으로 된다. 결론이 부정판단으로 되면 대개념은 주연된다. 결론에서 대개념이 주연되었으므로 전제 중에서도 주연되어 있어야 한다. 그런데 하나밖에 없는 주연된 개념을 매개념으로 했기 때문에 대개념을 주연되게 할 방법이 없게 된다. 그러므로 I와 O 또는 O와 I 판단을 전제로 하게 되면 정확한 결론을 도출해 낼 수 없다.
　일곱째, 두 전제 중의 하나가 특칭판단으로 되는 경우는 AI, IA, AO, OA, EI, IE, EO, OE 등 여덟 가지가 있는데, 질적으로 보면 다음과 같은 세 가지 경우가 있다.
　·두 전제가 모두 긍정판단(AI, IA)인 경우
　이 경우에 A판단의 주어 위치에 있는 개념은 주연되고 그외의 개념들은 주연되지 않는다. 규칙 2에 근거하여 이 주연된 개념을 매개념으로 만들어야 한다. 이렇게 되면 전제 중의 소개념과 대개념은 부주연된다. 규칙 3에 근거하여 전제 중에서 주연되어 있지 않은 개념을 결론에서 주연되게 해서는 안된다. 소개념과 대개념이 모두 주연되어 있지 않은 판단은 I판단이다. 그러므로 AI 또는 IA 전제로부터 얻어지는 결론은 반드시 특칭판단으로 된다.

· 두 전제 중의 하나가 긍정판단이고 다른 하나가 부정판단(AO, OA, EI, IE)인 경우

이 경우에 긍정판단의 술어는 부주연되고 특칭판단의 주어는 부주연된다. 그러므로 이 두 전제 중에서 나머지 두 개념은 주연된다. 규칙 2에 근거하여 그중 하나를 매개념으로 만들어야 하며 다른 하나는 규칙 5에 근거하여 대개념으로 만들어야 한다. 이렇게 되면 소개념은 전제에서 부주연된다. 전제 중에서 부주연된 소개념은 규칙 3에 근거하여 결론에서도 부주연되어야 한다. 소개념은 결론의 주어다. 주어가 주연되어 있지 않은 판단은 특칭판단이다. 그러므로 두 전제 중의 하나가 긍정판단이고 다른 하나가 특칭판단일 때 결론은 반드시 특칭판단으로 된다.

· 두 전제가 모두 부정판단(EO, OE)인 경우

이 경우에는 규칙 6에 근거하여 아무런 결론도 도출해 낼 수 없다.

이상의 네 가지 규칙은 전제에 대한 규칙이다.

11. 삼단논법의 격이란?
   삼단논법의 격에는 어떤 것들이 있는가?

삼단논법의 격이란 두 전제에서의 매개념의 위치에 따라 이루어지는 삼단논법의 각기 다른 형태를 말한다.

두 전제에서의 매개념의 위치에 따라 삼단논법은 네 개의 격으로 나누어진다.

제1격

매개념이 대전제에서 주어로 되어 있고, 소전제에서 술어로 되어 있는 형태다. 그 공식은 다음과 같다.

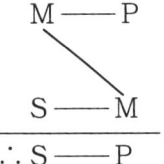

예를 들면,

· 물체는 모두 운동 변화한다.
· 항성은 물체다.
─────────────────────
· 그러므로, 항성은 운동 변화한다.

제1격의 주요한 작용은 어떤 사물이 어떤 속성을 갖고 있다(또는 갖고 있지 않다)는 것을 논증하는 데 있다.

제1격의 규칙은 다음과 같다.

(1) 소전제는 반드시 긍정판단으로 되어야 한다.

　소전제가 부정판단이면 규칙 5에 의하여 결론도 부정판단으로 되며, 결론에서 대개념은 주연된다. 그러나 규칙 4에 의하여 대전제는 반드시 긍정판단이어야 하며, 대개념은 전제에서 부주연된다. 이렇게 되면 규칙 3에 의하여 '대개념 부당주연의 오류'를 범하게 된다. 그러므로 제1격의 형태로써 정확한 결론을 도출하려면 소전제는 긍정판단으로 되지 않으면 안 된다.

(2) 대전제는 반드시 전칭판단으로 되어야 한다.

　제1격의 규칙 (1)에서 증명한 바와 같이 제1격의 소전제는 반드시 긍정판단으로 되어야 하기 때문에 소전제의 매개념은 주연되지 않는다. 그러므로 규칙 2(매개념은 두 개의 전제 중에서 적어도 한번은 주연되어야 한다)에 의하여 대전제의 매개념이 반드시 주연되어야 한다. 즉, 대전제의 주어가 주연되어야 한다. 그러므로 대전제는 반드시 전칭판단으로 되어야 한다.

제2격

매개념이 대전제와 소전제에서 다 술어로 되어 있는 형태다. 그 공식은 다음과 같다.

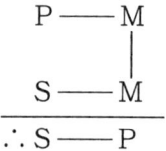

예를 들면,

· 모든 동물은 움직인다.
· 돌멩이는 움직이지 않는다.
──────────────────
· 그러므로 돌멩이는 동물이 아니다.

제2격의 주요한 작용은 어떤 사물이 어떤 유에 속하지 않는다거나 혹은 어떤 사물을 어떤 유(類)와 구별해야 한다는 것을 논증하는 데 있다.

제2격의 규칙은 다음과 같다.

(1) 전제 중의 하나는 반드시 부정판단으로 되어야 한다.

두 전제에서 매개념은 모두 술어로 되어 있기 때문에 전제 가운데 하나가 부정판단이 아니면 매개념이 한번도 주연되지 못한다. 이렇게 되면 규칙 2를 위반하게 되어 '매개념 부주연의 오류'를 범하게 된다.

(2) 대전제는 반드시 전칭판단으로 되어야 한다.

전제 중의 하나가 부정판단이므로 결론도 부정판단으로 되며 따라서 결론의 술어, 즉 대개념은 주연된다. 대개념은 제2격의 대전제에서 주어로 되어 있으며 반드시 주연되어야 한다. 그러므로 대전제는 반드시 전칭판단으로 되어야 한다.

제3격

매개념이 대전제와 소전제에서 다 주어로 되어 있는 형태다. 그 공식은 다음과 같다.

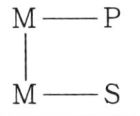

∴ S —— P

예를 들면,

· 수은은 고체가 아니다.
· 수은은 금속이다.
─────────────────
· 그러므로, 어떤 금속은 고체가 아니다.

제3격의 주요한 작용은 특수한 경우의 존재를 논증하는 데 있다. 그러므로 전칭판단을 논박하는 데 자주 쓰인다.
제3격의 규칙은 다음과 같다.
(1) 소전제는 반드시 긍정판단으로 되어야 한다.
소전제가 부정판단이면 결론도 부정판단으로 되며, 대개념이 결론에서 주연되고 대전제에서도 주연되어야 한다. 이렇게 되면 대전제가 부정판단으로 되어야 한다. 그런데 두 전제가 부정판단이면 결론을 도출해 낼 수 없으므로 소전제가 긍정판단으로 되지 않으면 안 된다.
(2) 결론은 반드시 특칭판단으로 되어야 한다.
소전제가 반드시 긍정판단으로 되어야 하기 때문에 소전제의 술어는 부주연된다. 제3격에서의 소전제의 술어는 소개념이다. 전제에서 소개념은 부주연되었으므로 규칙 3에 근거하여 결론에서도 주연되지 말아야 한다. 그러므로 결론은 특칭판단으로 되지 않으면 안 된다.

제4격

매개념이 대전제에서는 술어로, 소전제에서는 주어로 되어 있는 형태다. 그 공식은 다음과 같다.

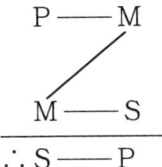

예를 들면,

- 어떤 젊은이는 애국자다.
- 애국자는 우리가 본받아야 할 사람이다.
- 그러므로, 우리가 본받아야 할 어떤 사람은 젊은이다.

제4격의 규칙은 다음과 같다.
 (1) 대전제가 긍정판단이면 소전제는 전칭판단으로 되어야 한다.
 대전제가 긍정판단이면 매개념이 주연되지 않는다. 매개념 부주연의 오류를 피하기 위해서는 매개념을 소전제에서 주연되게 해야 한다. 그러므로 소전제는 전칭판단으로 되어야 한다.
 (2) 소전제가 긍정판단이면 결론은 특칭판단으로 되어야 한다.
 소전제가 긍정판단이면 소전제에서의 소개념은 주연되지 않는다. '소개념 부당주연의 오류'를 피하기 위해서는 결론의 소개념도 부주연되게 해야 한다. 그러므로 결론은 특칭판단으로 되어야 한다.
 (3) 두 전제에서 한 전제가 부정판단이면 대전제는 전칭판단으로 되어야 한다.

두 전제 가운데 어느 하나가 부정판단이면 규칙 5에 의하여 결론도 부정판단으로 된다. 결론이 부정판단이면 대개념은 주연된다. 결론에서 주연된 대개념은 규칙 3에 의하여 대전제에서도 주연되어야 한다. 그러므로 대전제는 전칭판단으로 되어야 한다.

12. 삼단논법의 식이란 무엇이며, 어떻게 삼단논법의 정확한 식을 선택하는가?

매개념의 위치에 따라 구분되는 격에는 또 대전제, 소전제, 결론을 이루는 판단들의 질과 양의 차이에 따라 몇 가지 식이 이루어진다.

삼단논법의 식이란 삼단논법의 전제와 결론의 질과 양에 따라 달라지는 삼단논법의 형태를 말한다. 예를 들면,

· 모든 포유동물은 척추동물이다.
· 모든 고래는 포유동물이다.

· 그러므로, 모든 고래는 척추동물이다.

이것은 삼단논법의 제1격인 대전제가 A판단이고 소전제가 A판단이며 결론도 A판단이다. 그러므로 이것은 제1격의 AAA식이다.
또 예를 들면,

· 모든 군인은 성인이다.
· 어떤 고등학생은 성인이 아니다.

· 그러므로 어떤 고등학생은 군인이 아니다.

이것은 삼단논법의 제2격인데 대전제가 A판단이고 소전제가 O판단이며 결론도 O판단이다. 그러므로 이것은 제2격인 AOO식이다.

이와 같이 삼단논법의 각 격은 그에 의하여 성립되는 식들을 가지고 있다. 이런 격과 식들에 의해 삼단논법의 형태들이 서로 구별된다. 그러므로 삼단논법에 어떠한 형태들이 있는가 하는 것은 결국 삼단논법의 네 개의 격과 그에 의하여 구성되는 식들에 의하여 규정된다.

삼단논법의 대전제, 소전제, 결론은 각각 A, E, I, O 등 네 가지 판단의 질과 양의 차이를 가질 수 있다. 그러므로 한 가지 격의 삼단논법의 식은 4×4×4=64개가 된다.

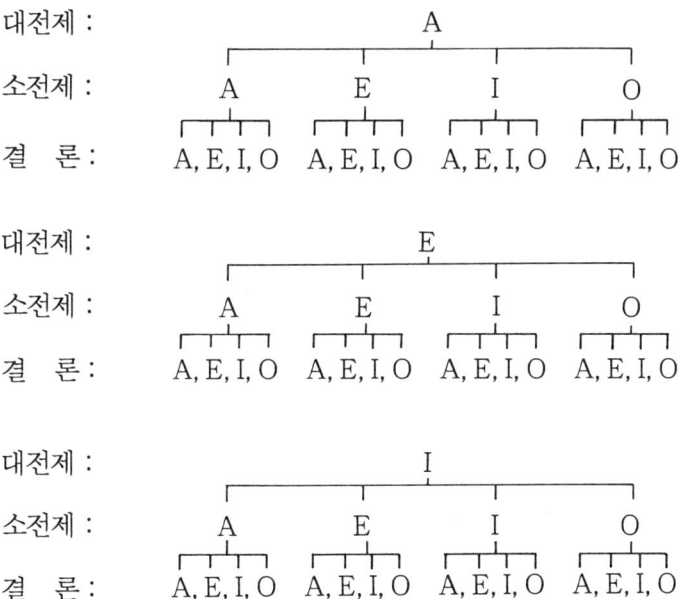

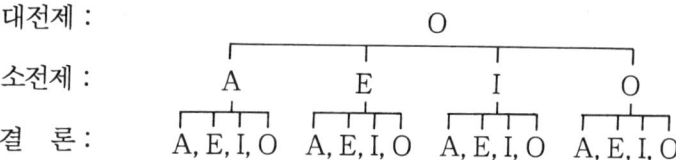

이것을 다시 네 개의 격에 배열하면 64×4=256이 된다.

그런데 이 256개의 식 중 대다수는 삼단논법의 규칙에 위배되므로 정확한 식이 될 수 없다. 예를 들면 EE, EO, OE, OO 등 두 개의 부정적 전제로는 결론을 도출할 수 없으며 II, IO, OI 등 두 개의 특칭적 전제로는 결론을 도출할 수 없다. 이런 방식으로 부정확한 형식들을 제거하면 11개 식(AAA, AAI, AII, AEE, AEO, AOO, EAE, EAO, EIO, IAI, OAO)이 남게 된다. 이 11개의 식을 각 격의 규칙에 따라 각 격에 분배하면 19개의 식이 성립될 수 있다.

제1격의 식

제1격의 규칙에 근거하여 A판단이나 E판단이 대전제로 될 수 있고, A판단이나 I판단이 소전제로 될 수 있다. 그러므로 AAA, EAE, AII, EIO, AAI, EAO 등 6개의 식이 나오게 된다. 그런데 AAI, EAO 두 개의 식은 제1격의 규칙에는 부합되지만 결론에 필연성이 없다. 그러므로 제1격에서 사용되는 정확한 식은 4개다.

제2격의 식

제2격의 규칙에 근거하여 대전제는 A판단이나 E판단으로 되고 두 전제에서 한 전제는 부정판단으로 되고 결론은 E판단이나 O판단으로 된다. 그러므로 EAE, AEE, EIO, AOO, AEO, EAO

등 6개의 식이 나오게 된다. 그런데 AEO, EAO 두 개의 식은 제2격의 규칙에는 부합되나 결론이 필연적이지 않다. 그러므로 제2격에서 사용되는 정확한 식은 4개다.

제3격의 식

제3격의 규칙에 근거하여 소전제는 A판단이나 I판단으로 되고 결론은 I판단이나 O판단으로 된다. 그러므로 AAI, IAI, AII, EAO, OAO, EIO 등 6개의 식이 제3격에서의 정확한 식으로 된다.

제4격의 식

제4격의 규칙에 근거하여 대전제가 긍정판단일 때 소전제는 전칭판단으로 되어야 하며 소전제가 긍정판단일 때 결론은 특칭판단으로 되어야 하며 두 전제 중에서 한 전제가 부정판단일 때 대전제는 전칭판단으로 되어야 한다. 그러므로 AAI, AEE, IAI, EAO, EIO, AEO 등 6개의 식이 나오게 된다. 그런데 그중 AEO식은 제4격의 규칙에는 부합하지만 결론에 필연성이 없다. 그러므로 제4격에서 사용되는 정확한 식은 5개다.

네 가지 격의 식들을 종합하면 다음과 같다.

제1격 AAA, AII, EAE, EIO
제2격 AEE, AOO, EAE, EIO
제3격 AAI, AII, EAO, EIO, IAI, OAO
제4격 AAI, IAI, AEE, EAO, EIO

이상 19개의 식은 단순삼단논법의 정확한 형식들이고 이 19개의 식 이외의 형식은 모두 정확하지 못한 형식들이다.

그러므로 정확한 결론을 도출하려면 반드시 19개의 식 가운데 어느 한 형식을 선택해야 한다.

식의 주요한 작용은 삼단논법의 정확성 여부를 검사하도록 도와주는 것이다.

13. 생략삼단논법이란 무엇이며, 어떻게 그것을 완전한 삼단논법으로 회복시키는가?

삼단논법의 기본적인 형태는 대전제, 소전제, 결론 등 세 부분으로 구성되어 있다. 그런데 일상적인 추리과정에서 우리는 그 기본적인 형태대로 추리하는 것이 아니라 그 형태를 변경시키면서 추리하게 된다. 이리하여 생략삼단논법, 복합삼단논법, 복합생략삼단논법 등이 구성된다.

생략삼단논법이란 삼단논법을 구성하고 있는 대전제, 소전제, 결론 중 어느 하나가 생략된 삼단논법을 말한다.

생략삼단논법에는 아래와 같은 세 가지 형식이 있다.

대전제가 생략된 형식

예를 들면,

- 만유인력의 법칙은 비판을 두려워하지 않는다.
- 왜냐하면 만유인력의 법칙은 진리이기 때문이다.

이 예에서 첫째 판단은 결론이고 둘째 판단은 전제다. 그런데 이 둘째 판단이 대전제인가 아니면 소전제인가 하는 것을 알아내려면 그것이 대개념이 있는 전제인가 아니면 소개념이 있는 전제인가를 알아야 한다. 위의 예에서는 소개념(S)이 있는 전제, 즉 소전제가 있으므로 대전제가 생략되었다는 것을 알 수 있다. 생략된 대전제를 찾아내려면 결론에 있는 대개념과 매개념을 삼단논법 제1격의 형식으로 결합시키면 된다. 이리하여 '진리는 비판을 두려워하지 않는다'(M-P)가 생략되었다는 것을 알 수 있다.

삼단논법의 대전제는 사람들이 잘 알 수 있는 판단이며, 더 말하지 않아도 상대방이 알 수 있다고 인정되는 경우에 흔히 생략된다. 그러므로 일상적인 대화에서 대전제가 생략된 형식이 자주 쓰이게 된다.

소전제가 생략된 형식
예를 들면,

- 모든 생명체는 반드시 죽는다.
- 그러므로 인간도 언젠가는 죽는다.

이 예에서 첫째 판단은 대개념(P)이 있는 전제이므로 대전제이고, 둘째 판단은 '그러므로'가 있으므로 결론이다. 생략된 소전제를 찾아내려면 결론의 소개념과 대전제의 매개념을 삼단논법 제1격의 형식으로 결합시키면 된다. 이리하여 '사람은 생명체의 일종이다'(S-M)가 생략되었다는 것을 알 수 있다.

이 형식은 일반적 원리(원칙, 도리), 그리고 상대방에게 새삼스레 설명하지 않아도 이해될 수 있다고 인정되는 경우에 흔히 적용된다. 그러므로 이 형식은 과학문제를 서술하거나 논의할 때 많이 쓰인다.

결론이 생략된 형식
예를 들면,

· 모든 물체는 원자로 구성되어 있다.
· 물은 물체다.

이 예는 결론이 생략된 삼단논법이다. 여기에서 첫째 판단은 대전제이고 둘째 판단은 소전제다. 생략된 결론은 '그러므로, 물은 원자로 구성되어 있다'($\therefore S-P$)는 것이다.

삼단논법의 결론을 더 말하지 않아도 상대방이 알 수 있다고 인정되는 경우에 그것이 생략된다. 결론을 생략함으로써 듣는 사람에게 더욱 강한 느낌을 불러일으키며, 독자적으로 사고하도록 일깨워 줄 수 있다. 그러므로 이 형식은 연설을 하거나 비판하는 말이나 글에서 많이 쓰인다.

생략삼단논법은 간결하면서도 명쾌하게 의사를 표현하는 장점을 가지고 있다. 그런데 생략된 판단이 거짓이거나 다른 두 판단과의 연결이 규칙에 맞지 않으면 이 생략삼단논법에는 오류가 숨어 있게 된다.

생략삼단논법이 정확한가를 검사하려면 생략된 부분을 재생시켜 완전한 삼단논법으로 회복시켜야 한다.

그 방법은 다음과 같다.

우선 생략삼단논법 중에 있는 판단들이 전제인가 아니면 결론인가를 확정해야 한다. 일반적으로 '왜냐하면'의 뒤에 있는 판단은 전제이고, '그러므로', '그렇기 때문에'의 뒤에 있는 판단은 결론이다.

다음, 생략된 판단이 전제라면 그것이 대전제인가 아니면 소전제인가를 확정해야 한다. 제시되어 있는 판단에 결론판단의 주어가 있으면 그것은 소전제이고, 결론판단의 술어가 있으면 그것은 대전제다.

그 다음, 생략된 부분을 재생시킨다. 우선 생략된 부분이 대전제이면 대개념과 매개념을 연계시켜 M-P를 구성하고, 생략된 부분이 소전제이면 소개념과 매개념을 연계시켜 S-M을 구성한다. 그리고 생략된 부분이 결론이면 소개념과 대개념을 연계시켜 S-P를 구성한다.

이와 같이 완전한 삼단논법으로 회복시킨 후에 그 대전제와 소전제들이 정확한가, 전제와 결론들이 규칙에 부합되게 연결되었는가를 검사해야 한다.

14. 복합삼단논법이란?
    복합삼단논법에는 어떤 형식들이 있는가?

복합삼단논법이란 한 삼단논법의 결론이 다음 삼단논법의 전제로 되는 추리를 말한다.

복합삼단논법에는 전진식 복합삼단논법과 후퇴식 복합삼단논법이라는 두 가지가 있다.

전진식 복합삼단논법

전진식 복합삼단논법은 전 삼단논법의 결론이 후 삼단논법의 대전제로 되는 복합삼단논법이다. 이 추리형식은 일반으로부터 특수로 이행하는 연역추리의 방향을 따라 전개되기 때문에 전진식이라고 한다.

전진식 복합삼단논법을 공식으로 표시하면 다음과 같다.

$$\begin{array}{r} M \text{——} P \\ \underline{N \text{——} M} \\ \therefore N \text{——} P \\ \underline{S \text{——} N} \\ \therefore S \text{——} P \end{array} \left.\begin{array}{l} \\ \\ \\ \\ \end{array}\right\} \begin{array}{l} 1 \\ \\ 2 \end{array}$$

이를 또 그림으로 표시하면 아래와 같다.

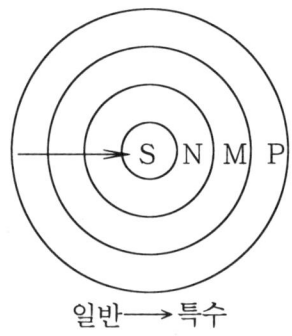

예를 들면,

- 실천 속에서 탄생된 이론은 실천의 발전에 따라 더불어 발전하게 된다.
- 자연과학 이론은 실천 속에서 탄생된 이론이다.
- 자연과학 이론은 실천의 발전에 따라 발전된다.
- 물리학 이론은 자연과학 이론이다.
- 그러므로, 물리학 이론은 실천의 발전에 따라 발전된다.

후퇴식 복합삼단논법

후퇴식 복합삼단논법은 전 삼단논법의 결론이 후 삼단논법의 소전제로 되는 추리다. 이 추리형식은 일반으로부터 특수로 이행하는 연역추리의 방향과는 반대로 특수로부터 일반으로 이행하므로 후퇴식이라고 한다.

후퇴식 복합삼단논법을 공식으로 표시하면 다음과 같다.

$$\left.\begin{array}{r}S — N \\ N — M \\ \hline \therefore S — M \\ M — P \\ \hline \therefore S — P\end{array}\right\} \begin{array}{c}1 \\ \\ 2\end{array}$$

이를 다시 그림으로 표시하면 아래와 같다.

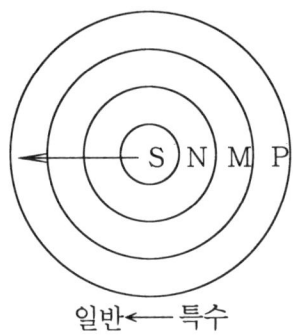

예를 들면,

· 물리학 이론은 자연과학 이론이다.

· 자연과학 이론은 실천에서 탄생된 이론이다.
· 물리학 이론은 실천에서 탄생된 이론이다.
· 실천에서 탄생된 이론은 실천의 발전에 따라 발전된다.
· 그러므로 물리학 이론은 실천의 발전에 따라 발전된다.

15. 복합생략 삼단논법의 연쇄식이란 무엇인가?

복합생략 삼단논법에는 연쇄식(連鎖式)과 대증식(帶證式)의 두 가지 형태가 있다.

복합생략 삼단논법의 연쇄식은 복합삼단논법의 생략식으로서 전삼단논법의 결론이 생략된 복합삼단논법이다. 복합삼단논법에 두 가지 형태가 있으므로 연쇄식에도 두 가지 형태가 있다.

전진식(고크레니우스 연쇄식)

이것은 전진식 복합삼단논법의 생략식으로서 두 번째 삼단논법부터 대전제가 생략된 연쇄식이다.

공식으로 표시하면 다음과 같다.

$$\begin{array}{c} D — E \\ C — D \\ B — C \\ \underline{A — B} \\ \therefore A — E \end{array}$$

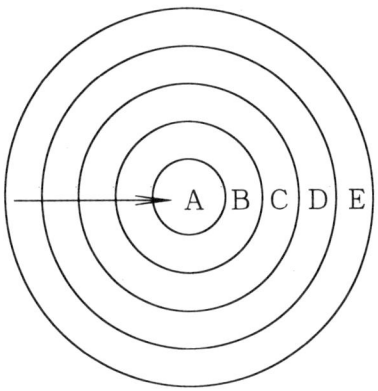

이 공식에서 볼 수 있는 바와 같이 C-E, B-E 등의 판단이 생략되어 있다.

예를 들면,

· 실천 속에서 탄생된 이론은 실천의 발전에 따라 발전된다.
· 자연과학 이론은 실천 속에서 탄생된 이론이다.
· 물리학 이론은 자연과학 이론이다.
· 그러므로 물리학 이론은 실천의 발전에 따라 발전된다.

이 예에서 '자연과학 이론은 실천의 발전에 따라 발전된다'라는 두번째 삼단논법의 대전제(즉 전 삼단논법의 결론)가 생략되어 있다.

후퇴식(아리스토텔레스 연쇄식)

이것은 후퇴식 복합삼단논법의 생략식으로서 두 번째 삼단논법부터 소전제가 생략된 연쇄식이다.

공식으로 표시하면 다음과 같다.

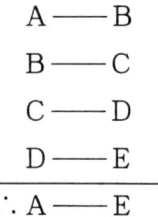

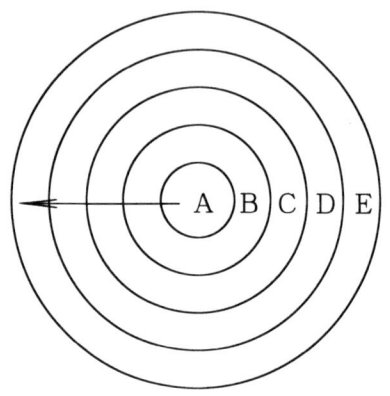

이 공식에서 볼 수 있는 바와 같이 A-C, A-D등의 판단이 생략되어 있다.

예를 들면,

· 물리학 이론은 자연과학 이론이다.
· 자연과학 이론은 실천에서 탄생된 이론이다.
· 실천에서 탄생된 이론은 실천의 발전에 따라 발전된다.
· 그러므로, 물리학 이론은 실천의 발전에 따라 발전된다.

이 예에서 '물리학 이론은 실천에서 탄생된 이론이다'라는 두 번째 삼단논법의 소전제(즉 전 삼단논법의 결론)가 생략되어 있다.

16. 복합생략 삼단논법의 대증식이란 무엇인가?

복합생략 삼단논법의 대증식이란 전제 중의 한 개의 전제 또는 두 개의 전제에 증명적 이유('왜냐하면……'으로 표시된다)가 붙어 있는 복합생략 삼단논법이다. 복합생략 삼단논법의 대증식에는 다음과 같은 두 가지 형태가 있다.

단순대증식

두 개의 전제 중 한 개의 전제에 증명적 이유가 붙어 있는 대증식을 단순대증식이라고 한다.

대전제에서 증명적 이유가 붙어 있는 단순대증식을 공식으로 표시하면 다음과 같다.

$$\frac{\begin{array}{l} M — P \quad 왜냐하면 \quad M — A \\ S — M \end{array}}{\therefore S — P}$$

이 공식에서의 대전제는 한 개의 생략삼단논법이다. 생략된 부분을 보충하여 완전한 삼단논법으로 회복시키면 다음과 같다.

$$\frac{\begin{array}{l} A — P \\ M — A \end{array}}{\therefore M — P}$$

예를 들면 다음과 같다.

· 우리는 과학을 반드시 발전시켜야 한다. 왜냐하면 과학은 인간에게 유익하기 때문이다.
· 의학은 과학이다.
· 그러므로 우리는 의학을 반드시 발전시켜야 한다.

이 예에서 대전제는 한 개의 생략삼단논법인데, 그것을 완전한 삼단논법으로 회복시키면 다음과 같다.

· 인간에게 유익한 것을 우리는 반드시 발전시켜야 한다.
· 과학은 인간에게 유익하다.
· 그러므로, 과학은 우리가 반드시 발전시켜야 한다.

복합대증식

두 개의 전제에 모두 증명적 이유가 붙어 있는 대증식을 복합대증식이라고 한다.

복합대증식을 공식으로 표시하면 다음과 같다.

$$M \text{───} P \text{ 왜냐하면 } M \text{───} A$$
$$S \text{───} M \text{ 왜냐하면 } S \text{───} B$$
$$\therefore S \text{───} P$$

이것을 완전한 삼단논법으로 회복시키면 다음과 같다.

$$\text{대전제} \quad A \text{───} P$$
$$M \text{───} A$$
$$\therefore M \text{───} P$$

소전제 B —— M
    S —— B
    ―――――――
    ∴S —— M

예를 들면 다음과 같다.

- 과학은 우리가 반드시 발전시켜야 한다. 왜냐하면 그것은 인간에게 유익하기 때문이다.
- 의학은 과학이다. 왜냐하면 그것은 생명에 대한 보편적 진리와 법칙을 연구하여 인간의 질병을 예방·치료하는 학문이기 때문이다.
- 그러므로 의학은 우리가 반드시 발전시켜야 한다.

이 예에서 대전제와 소전제를 완전한 삼단논법으로 회복시키면 다음과 같다.

대전제
- 인간에게 유익한 것은 우리가 반드시 발전시켜야 한다.
- 과학은 인간에게 유익하다.
- 그러므로 과학은 우리가 반드시 발전시켜야 한다.

소전제
- 보편적 진리나 법칙의 발견을 목적으로 하는 체계적인 지식은 과학이다.
- 의학은 생명에 대한 보편적 진리나 법칙을 연구하는 학문이다.

· 그러므로 의학은 과학이다.

대증식은 전제에 증명적 이유가 붙어 있으므로 논증성과 설득력이 강한 장점을 가지고 있다. 그러므로 과학연구와 학술 문제에 관한 서술에서 널리 쓰이고 있다.

17. 관계추리란? 관계추리에는 어떤 유형들이 있는가?

관계추리란 전제 혹은 결론이 관계판단(사태와 사태간의 관계를 단정하는 판단)으로 되어 있는 추리를 말한다.
관계추리에는 여러 가지 형식이 있는데, 그중에서 순수관계추리와 혼합관계추리만 언급하기로 하자.

순수관계추리
순수관계추리란 전제와 결론이 다 관계판단으로 되어 있는 관계추리를 말한다.
순수관계추리에는 다음과 같은 네 가지 유형이 있다.
(1) 대칭적 관계추리
대칭적 관계추리는 대칭적 관계판단을 전제와 결론으로 하는 추리다.
대칭적 관계추리를 공식으로 표시하면 다음과 같다.

$$\frac{a R b}{\therefore b R a}$$

예를 들면,

> · 민수와 희옥은 한 고향 사람이다.
> · 그러므로, 희옥과 민수는 한 고향 사람이다.

(2) 반대칭적 관계추리

반대칭적 관계추리는 반대칭적 관계판단을 전제로 하여 결론을 도출하는 추리다.

반대칭적 관계추리를 공식으로 표시하면 다음과 같다.

$$\frac{a\ R\ b}{\therefore b\ \overline{R}\ a}$$

예를 들면,

> · 백두산은 지리산보다 높다.
> · 그러므로 지리산은 백두산보다 높지 않다.

(3) 이행적 관계추리

이행적 관계추리는 이행적 관계판단을 전제로 하여 결론을 도출하는 추리다.

이행적 관계추리를 공식으로 표시하면 다음과 같다.

$$\frac{\begin{array}{l}a\ R\ b\\ b\ R\ c\end{array}}{\therefore a\ R\ c}$$

예를 들면,

- 부산은 대구의 남쪽에 있다.
- 대구는 서울의 남쪽에 있다.
- 그러므로, 부산은 서울의 남쪽에 있다.

(4) 반이행적 관계추리

반이행적 관계추리는 반이행적 관계판단을 전제로 하여 결론을 도출하는 추리다.

반이행적 관계추리를 공식으로 표시하면 다음과 같다.

$$\begin{array}{c} a \, R \, b \\ \underline{b \, R \, c} \\ \therefore a \, \overline{R} \, c \end{array}$$

예를 들면,

- 갑은 을의 아버지다.
- 을은 병의 아버지다.
- 그러므로, 갑은 병의 아버지가 아니다.

혼합관계추리

혼합관계추리란 한 전제가 관계판단이고, 다른 한 전제가 정언판단이고, 결론이 관계판단으로 구성된 추리형식이다.

혼합관계추리의 두 전제와 결론 중에는 오직 세 개의 다른 개념이 있어야 한다. 그러므로 혼합관계추리는 일반적인 삼단논법과 비슷하다.
예를 들면 다음과 같다.

· 우리는 어떠한 자원이든지 모두 절약해야 한다.
· 재활용품은 모두 자원이다.
──────────────────────────────
· 그러므로, 우리는 재활용품을 절약해야 한다.

혼합관계추리를 공식으로 표시하면 다음과 같다.

· a와 b는 R관계가 있다.
· c는 모두 b다.
──────────────────────────────
· 그러므로, a와 c는 R관계가 있다.

혼합관계추리에서는 다음과 같은 규칙들이 준수되어야 한다.
첫째, 전제 중의 정언판단은 반드시 긍정판단으로 되어야 한다.
둘째, 매개념은 반드시 적어도 한번은 주연되어야 한다.
셋째, 전제 중에서 주연되지 않은 개념은 결론에서도 주연될 수 없다.
넷째, 전제 중의 관계판단이 긍정판단이라면 결론으로 되는 관계판단도 긍정판단으로 되어야 하며, 전제 중의 관계판단이 부정판단이라면 결론으로 되는 관계판단도 부정판단으로 되어야 한다.
다섯째, 관계 R이 대칭적이 아니라면 전제 중의 관계판단의 주어(혹은 술어) 개념은 결론 중에서도 상응하는 관계판단의 주어(혹은 술어) 개념으로 되어야 한다.

18. 조건추리란 무엇이며, 충분조건의 조건추리란 무엇인가?

조건추리란 대전제가 조건판단(일정한 조건하에서 판단의 대상에 일정한 징표가 귀속 또는 불귀속된다는 것을 표시하는 판단)이고 소전제가 대전제의 전건(조건을 표시하는 부분)이거나 후건(귀결을 표시하는 부분)을 긍정 또는 부정함으로써 결론을 얻게 되는 연역추리다.

조건판단은 전제 중에서 전건과 후건의 관계에 따라 충분조건의 조건추리, 필요조건의 조건추리, 필요충분조건의 조건추리로 나누어진다.

충분조건의 조건추리란 충분조건의 조건판단을 대전제로 하는 조건추리다.

전건이 존재하면 후건이 반드시 존재하게 되고, 전건이 존재하지 않으면 후건이 미정(존재할 수도 있고 존재하지 않을 수도 있는)으로 될 때, 이 전건은 후건의 충분조건으로 된다.

충분조건의 조건판단의 특징에 근거하여 충분조건의 조건추리에서는 다음과 같은 두 가지 규칙이 준수되어야 한다.

첫째, 전건을 긍정했다면 후건을 긍정해야 한다. 그러나 전건을 부정하는 것으로부터 후건을 부정해서는 안 된다.

둘째, 후건을 부정했다면 전건을 부정해야 한다. 그러나 후건을 긍정하는 것으로부터 전건을 긍정하는 결론을 끌어내서는 안 된다.

예를 들면 다음과 같이 추리할 수 있다.

- 만일 어떤 수가 6으로 나누어지면, 3으로도 나누어질 수 있다.

· 48은 6으로 나누어진다.
· 그러므로, 48은 3으로 나누어질 수 있다.

또 다음과 같이 추리할 수도 있다.

· 만일 어떤 수가 6으로 나누어진다면, 3으로 나누어질 수 있다.
· 47은 3으로 나누어질 수 없다.
· 그러므로, 47은 6으로 나누어질 수 없다.

이상의 두 가지 추리는 모두 충분조건의 조건추리의 규칙에 부합되는 것으로 모두 정확한 것이다.

그런데 아래와 같이 추리해서는 안 된다.

· 만일 어떤 수가 6으로 나누어진다면, 3으로 나누어질 수 있다.
· 27은 6으로 나누어질 수 없다.
· 그러므로, 27은 3으로 나누어질 수 없다.

그리고 또 다음과 같이 추리해서도 안 된다.

· 만일 어떤 수가 6으로 나누어진다면, 3으로 나누어질 수 있다.
· 9는 3으로 나누어질 수 있다.
· 그러므로, 9는 6으로 나누어질 수 있다.

이 두 가지 추리는 전건 부정으로부터 후건 부정의 결론을 끌어 내거나, 후건 긍정으로부터 전건 긍정의 결론을 끌어냈으므로 모두 잘못된 것이다.

그러므로 충분조건의 조건추리에는 다음과 같은 두 가지 정확한 식이 있게 된다.

긍정식

긍정식은 소전제가 대전제의 전건을 긍정함으로써 결론에서 대전제의 후건을 긍정하는 형식이다.

긍정식을 공식으로 표시하면 다음과 같다.

· 만약 p라면 곧 q다.
· p다.
————————————
· 그러므로, q다.

예를 들면 다음과 같다.

· 만약 그가 변호사라면 그는 전문직업인이다.
· 그는 변호사다.
————————————————————
· 그러므로, 그는 전문직업인이다.

부정식

부정식은 소전제가 대전제의 후건을 부정함으로써 결론에서 대전제의 전건을 부정하는 형식이다.

부정식을 공식으로 표시하면 다음과 같다.

- 만약 p라면 곧 q다.
- q가 아니다.

- 그러므로, p가 아니다.

예를 들면,

- 만약 지금 바람이 분다면 나뭇가지가 흔들릴 것이다.
- 지금 나뭇가지가 흔들리지 않는다.

- 그러므로, 지금 바람이 불지 않는다.

19. 필요조건의 조건추리란 무엇인가?

 필요조건의 조건추리란 필요조건의 조건판단을 대전제로 하는 조건추리다.
 전건이 존재하지 않으면 후건이 반드시 존재하지 않게 되고, 전건이 존재하면 후건은 미정(존재할 수도 있고 존재하지 않을 수도 있)으로 될 때 이 전건은 후건의 필요조건으로 된다.
 필요조건의 조건판단의 특징에 따라 필요조건의 조건추리에서는 다음과 같은 두 가지 규칙이 준수되어야 한다.
 첫째, 전건을 부정했다면 후건을 부정해야 한다. 그러나 전건을 긍정하는 것으로부터 후건을 긍정해서는 안 된다.
 둘째, 후건을 긍정했다면 전건을 긍정해야 한다. 그러나 후건을 부정하는 것으로부터 전건을 부정해서는 안 된다.
 그러므로 필요조건의 조건추리에는 다음과 같은 두 가지 정확한 식이 있게 된다.

긍정식

긍정식은 소전제가 대전제의 후건을 긍정함으로써 결론에서 대전제의 전건을 긍정하는 형식이다.

긍정식을 공식으로 표시하면 다음과 같다.

- 오직 p라야만 비로소 q다.
- q다.
  _____
- 그러므로, p다.

예를 들면,

- 오직 공부를 열심히 하는 사람만이 좋은 성적을 얻을 수 있다.
- 민수는 성적이 매우 좋다.
  _____
- 그러므로, 민수는 열심히 공부하는 학생이다.

부정식

부정식은 소전제가 대전제의 전건을 부정함으로써 결론에서 대전제의 후건을 부정하는 형식이다.

부정식을 공식으로 표시하면 다음과 같다.

- 오직 p라야만 비로소 q다.
- p가 아니다.
  _____
- 그러므로, q가 아니다.

예를 들면,

- 오직 공부를 열심히 하는 사람만이 좋은 성적을 얻을 수 있다.
- 민수는 열심히 공부하는 학생이 아니다.
- 그러므로, 민수는 좋은 성적을 얻을 수 없다.

20. 필요충분조건의 조건추리란 무엇인가?

필요충분조건의 조건추리란 필요충분조건의 조건판단을 대전제로 하는 조건추리다.

전건이 존재하면 후건이 반드시 존재하게 되고, 전건이 존재하지 않으면 후건도 존재하지 않게 될 때, 이 전건은 후건의 필요충분조건으로 된다.

필요충분조건의 조건추리에서는 다음과 같은 네 가지 규칙이 준수되어야 한다.

첫째, 전건을 긍정했다면 후건을 긍정해야 한다.
둘째, 전건을 부정했다면 후건을 부정해야 한다.
셋째, 후건을 긍정했다면 전건을 긍정해야 한다.
넷째, 후건을 부정했다면 전건을 부정해야 한다.

그러므로 필요충분조건의 조건추리에는 다음과 같은 네 가지 정확한 식이 있게 된다.

전건긍정식

소전제가 대전제의 전건을 긍정함으로써 결론에서 대전제의 후건을 긍정하는 형식이다.

전건긍정식을 공식으로 표시하면 다음과 같다.

- 만약 그리고 오직 p라야만 비로소 q다.
- p다.

- 그러므로, q다.

예를 들면,

- 만약 그리고 오직 어떤 삼각형이 등변삼각형이라면, 이것은 등각삼각형이다.
- 이 삼각형은 등변삼각형이다.

- 그러므로, 이 삼각형은 등각삼각형이다.

전건부정식

소전제가 대전제의 전건을 부정함으로써 결론에서 대전제의 후건을 부정하는 형식이다.

전건부정식을 공식으로 표시하면 다음과 같다.

- 만약 그리고 오직 p라야만 q다.
- p가 아니다.

- 그러므로, q가 아니다.

예를 들면,

- 만약 그리고 오직 어떤 수가 2로 나누어진다면, 그 수는 짝수다.
- 5는 2로 나누어지지 않는다.

- 그러므로, 5는 짝수가 아니다.

후건긍정식

소전제가 대전제의 후건을 긍정함으로써 결론에서 대전제의 전건을 긍정하는 형식이다.

후건긍정식을 공식으로 표시하면 다음과 같다.

- 만약 그리고 오직 p라야만 비로소 q다.
- q다.
- 그러므로, p다.

예를 들면,

- 만약 그리고 오직 진정으로 용기있는 사람만이 조국을 위해 목숨을 바친다.
- 안중근은 조국을 위해 기꺼이 목숨을 바쳤다.
- 그러므로, 안중근은 진정으로 용기있는 사람이다.

후건부정식

소전제가 대전제의 후건을 부정함으로써 결론에서 대전제의 전건을 부정하는 형식이다.

후건부정식을 공식으로 표시하면 다음과 같다.

- 만약 그리고 오직 p라야만 비로소 q다.
- q가 아니다.
- 그러므로, p가 아니다.

예를 들면,

- 만약 그리고 오직 진정으로 실력있는 사람이라면, 논쟁을 두려워하지 않는다.
- 궤변론자들은 논쟁을 두려워한다.
- 그러므로, 궤변론자들은 진정으로 실력있는 사람이 아니다.

21. 선언추리란? 선언추리에는 어떤 형식들이 있는가?

선언추리란 대전제가 선언판단(몇 개의 가능한 상황 중에서 적어도 하나의 상황이 존재한다는 것을 단정하는 판단)으로 되어 있고, 소전제는 이 선언판단의 일부 선언지(선언판단이 포함하는 각각의 판단)로 구성되어 있는 연역추리다.

선언추리에는 배제적(배타적) 선언추리와 결합적(포괄적) 선언추리의 두 가지 형식이 있다.

배제적(배타적) 선언추리

배제적 선언추리란 전제 중에 배제적 선언판단이 있는 선언추리다.

배제적 선언판단의 선언지들은 동시에 모두 참이 될 수 없으며, 그중의 하나만이 참으로 될 수 있을 뿐이다. 그러므로 그중 하나의 선언지를 참이라고 긍정한다면 기타 선언지들을 부정하게 된다. 그리고 일부 선언지들을 부정한다면 나머지 하나의 선언지는 참이라고 긍정하게 된다.

배제적 선언판단의 이러한 특징에 의하여 배제적 선언추리에는 다음과 같은 두 가지 추리형식이 있게 된다.

(1) 긍정에 의한 부정의 방식

소전제가 대전제의 선언지 중의 하나를 긍정함으로써 결론에서 나머지 다른 선언지를 부정하는 형식이다.

긍정에 의한 부정의 방식을 공식으로 표시하면 다음과 같다.

- p거나 q다.
- p다(혹은 q다)
- 그러므로, q가 아니다(혹은 p가 아니다).

예를 들면,

- 지난번 축구 경기에서 한국 팀이 이겼거나 일본 팀이 이겼다.
- 한국 팀이 이겼다.
- 그러므로, 일본 팀이 이기지 않았다.

(2) 부정에 의한 긍정의 방식

소전제가 하나의 선언지를 제외한 나머지 선언지들을 부정함으로써 결론에서 그 하나의 선언지를 긍정하는 형식이다.

부정에 의한 긍정의 방식을 공식으로 표시하면 다음과 같다.

- p거나 q다.
- q가 아니다(혹은 p가 아니다).
- 그러므로, p다(혹은 q다).

예를 들면,

· 이 화공약품은 산성이거나 알카리성이거나 중성이다.
· 이 화공약품은 산성이 아니다.
· 그러므로, 이 화공약품은 알카리성이거나 중성이다.

배제적 선언판단의 논리적 특성은 선언지들이 서로 배제한다는 것이다.

이런 특성에 근거하여 배제적 선언추리에서는 다음과 같은 규칙이 준수되어야 한다.

첫째, 일부 선언지를 긍정했다면, 다른 일부 선언지를 부정해야 한다.

둘째, 일부 선언지를 부정했다면, 다른 일부 선언지를 긍정해야 한다.

결합적(포괄적) 선언추리

결합적 선언추리란 전제 중에 결합적 선언판단이 있는 선언추리다.

결합적 선언판단의 선언지들은 동시에 참이 될 수 있으며, 적어도 하나는 참이 된다. 그러므로 일부 선언지를 부정한다면 다른 일부 선언지를 긍정할 수 있다. 그러나 일부 선언지를 긍정했다 하여 다른 일부 선언지를 부정할 수 없다.

그러므로 결합적 선언추리에는 부정에 의한 긍정의 방식밖에 없다.

이 방식을 공식으로 표시하면 다음과 같다.

· p거나 q다.
· q가 아니다(혹은 p가 아니다).

・ 그러므로, p다(혹은 q다).

예를 들면,

・ 박민수는 교사이거나 배우다.
・ 박민수는 교사가 아니다.
・ 그러므로, 박민수는 배우다.

결합적(포괄적) 선언판단의 선언지들이 동시에 참이 될 수 있다는 논리적 특성에 의하여, 결합적 선언추리에서는 다음과 같은 규칙이 준수되어야 한다.

첫째, 일부 선언지를 부정한다면, 다른 일부 선언지를 긍정할 수 있다.

둘째, 일부 선언지를 긍정했다 하여, 다른 일부 선언지를 부정할 수 없다.

예를 들면 다음과 같다.

・ 그는 음악인이거나 문인이다.
・ 그는 문인이다.
・ 그러므로, 그는 음악인이 아니다.

이 추리는 잘못된 것이다. 왜냐하면 그는 문인인 동시에 음악인일 수도 있기 때문이다.

22. 연언추리란? 연언추리에는 어떤 형식들이 있는가?

연언추리란 연언판단(몇 가지 상황이 동시에 존재한다고 단정하는 판단)이 전제로 되거나 결론으로 되는 연역추리다.

연언추리에는 분해식과 합성식의 두 가지 형식이 있다.

연언추리의 분해식

전제가 하나의 연언판단으로 되어 있고, 결론이 이 연언판단 중 한 개의 연언지로 구성되어 있는 연언추리 형식이다.

연언추리의 분해식을 공식으로 표시하면 다음과 같다.

· p이며 q다.
―――――――――――――
· 그러므로, p다(혹은 q다).

예를 들면,

· 우리는 주어진 의무에 충실해야 하며, 정당한 권리를 존중해야 한다.
―――――――――――――――――――――――――――
· 그러므로, 우리는 정당한 권리를 존중해야 한다.

연언추리의 분해식은 논술 대상의 어느 한 측면(연언지)을 특별히 강조할 때 많이 사용함으로써 중요한 사항을 강조하며 문제의 핵심에 주의를 기울이게 한다.

연언추리의 합성식

결론이 연언판단이고 전제가 이 연언판단의 연언지로 구성되어 있는 연언추리 형식이다.
연언추리의 합성식을 공식으로 표시하면 다음과 같다.

- p다.
- q다.
- r이다.
  $\vdots$
- 그러므로, p이며 q이며 $r\cdots$이다.

예를 들면,

- 아리스토텔레스는 플라톤의 제자다.
- 아리스토텔레스는 '형식논리학'의 창시자다.
- 아리스토텔레스는 고대 희랍의 이름난 철학자다.
- 그러므로, 아리스토텔레스는 플라톤의 제자이며, '형식논리학'의 창시자이며, 고대 희랍의 이름난 철학자다.

연언추리의 합성식은 여러 방면의 지식을 종합하여 보다 전면적인 결론을 형성하는 작용을 한다. 그러므로 보고서 등에 이 추리형식을 많이 적용한다.

23. 양도추리란? 양도추리에는 어떤 형식들이 있는가?

양도추리란 대전제가 두 개의 조건판단으로 구성되고, 소전제는 두 개의 선언지를 가진 선언판단으로 구성된 연역추리다.

양도추리에는 구성식과 파괴식의 두 가지 형식이 있다.

구성식

구성식은 대전제로 되는 두 개의 조건판단이 다 충분조건의 조건판단이고, 소전제로 되는 선언판단의 각 선언지가 대전제의 전건을 각기 긍정함으로써 결론에서 대전제의 후건을 긍정하는 양도추리형식이다.

구성식에는 단순구성식과 복합구성식의 두 가지 형식이 있다.

(1) 단순구성식

대전제의 두 개의 후건이 동일하고 결론이 그 동일한 후건을 긍정하는 정언판단의 추리형식이다.

단순구성식을 공식으로 표시하면 다음과 같다.

- 만약 A라면 C다.
- 만약 B라면 C다.
- A거나 B다.
- 그러므로, C다.

예를 들면,

- 만약 토끼가 호랑이를 건드린다면, 호랑이는 토끼를 잡아먹으려 할 것이다.
- 만약 토끼가 호랑이를 건드리지 않아도, 호랑이는 토끼를 잡아먹으려 할 것이다.
- 토끼는 호랑이를 건드리거나 건드리지 않거나 할 것이다.
- 그러므로, 호랑이는 여하튼 토끼를 잡아먹으려 할 것이다.

(2) 복합구성식

대전제의 두 개의 후건이 다르고 결론이 그 다른 후건을 선언적으로 긍정하는 선언판단의 추리형식이다.

복합구성식을 공식으로 표시하면 다음과 같다.

- 만약 A라면 C다.
- 만약 B라면 D다.
- A거나 B다.
- 그러므로, C거나 D다.

예를 들면,

- 만약 당신이 한 말이 무의식적이라면 당신은 무지한 사람이다.
- 만약 당신이 한 말이 의식적이라면 당신은 야심이 있는 사람이다.
- 당신이 한 말은 무의식적이거나 의식적일 것이다.
- 그러므로, 당신은 무지한 사람이거나 야심이 있는 사람이다.

복합구성식은 논증성이 아주 강하여 양도추리에서 가장 많이 사용되는 추리형식이다.

파괴식

대전제로 되는 두 개의 조건판단이 다 충분조건의 조건판단이고, 소전제로 되는 선언판단의 각 선언지가 대전제의 후건을 각기 부정함으로써, 결론에서 대전제의 전건을 부정하는 양도추리 형식이다.

파괴식에는 단순파괴식과 복합파괴식의 두 가지 있다.

(1) 단순파괴식·

대전제의 두 개의 전건이 동일하고 결론이 그 동일한 전건을 부정하는 정언판단의 추리형식이다.

단순파괴식을 공식으로 표시하면 다음과 같다.

- 만약 A라면 C다.
- 만약 A라면 D다.
- C가 아니거나 D가 아니다.
─────────────────
- 그러므로, A가 아니다.

예를 들면,

- 만약 그가 현명한 사람이라면 합리적으로 사물을 대할 것이다.
- 만약 그가 현명한 사람이라면 주관적 억측으로 일을 처리하지 않을 것이다.
- 그는 합리적으로 사물을 대하지 않거나 주관적 억측으로 일을 처리한다.
─────────────────
- 그러므로, 그는 현명한 사람이 아니다.

(2) 복합파괴식

대전제의 두 개의 전건이 다르고 결론이 그 다른 두 개의 전건을 선언적으로 부정하는 선언판단의 추리형식이다.

복합파괴식을 공식으로 표시하면 다음과 같다.

- 만약 A라면 C다.
- 만약 B라면 D다.
- C가 아니거나 D가 아니다.

- 그러므로, A가 아니거나 B가 아니다.

예를 들면,

- 만약 사려깊은 사람이라면 자신의 잘못을 인식할 수 있을 것이다.
- 만약 자기 반성의 정신이 있다면 자신의 잘못을 인정할 것이다.
- 그는 자신의 잘못을 인식하지 못하거나 자신의 잘못을 인정하지 않는다.

- 그러므로, 그는 사려깊은 사람이 아니거나 자기 반성의 정신이 없다.

양도추리는 반드시 다음과 같은 두 가지 규칙을 준수해야 한다.
첫째, 대전제에 있는 조건판단의 전건과 후건 사이에는 필연적인 관계가 있어야 한다.
둘째, 소전제에 있는 선언지는 모든 가능성을 다 포괄해야 하며, 선언지간에는 배제적 관계가 있어야 한다.
양도추리는 아주 유력한 변론방식으로서 강한 논리적 힘이 있다. 그러므로 변론할 때 많이 쓰인다. 즉, 두 가지 가능성을 가진 전제를 제기하고 상대방이 어느 한 가능성을 긍정도 부정도 할 수 없어 결국에는 진퇴양난에 빠지게 한다.

　양도추리의 오류를 시정하거나 논박하기 위해서는 다음과 같은 세 가지 방법을 사용할 수 있다.

　1. 대전제로 되는 조건판단이 거짓이라는 것을 지적하는 방법이다. 즉, 대전제의 전건이 후건의 필연적인 이유로 되지 않는다고 지적하거나 후건이 전건의 필연적인 귀결로 되지 않는다고 지적하는 방법이다.

　2. 소전제로 되는 선언판단이 거짓이라는 것을 지적하는 방법이다. 즉, 소전제로 되는 선언판단의 선언지가 그 문제의 가능성 전부를 열거하지 않은 것을 지적하거나 혹은 선언지들 사이에 배제적 관계가 없다는 것을 지적하는 방법이다.

　3. 원래의 양도추리와 상반되는 양도추리를 구성하는 방법이다. 즉, 원래의 양도추리와 모순되는 결론을 얻는 새로운 양도추리를 제기함으로써 원래의 양도추리를 부정하는 방법이다. 그런데 새로 구성된 양도추리가 원래의 양도추리를 물리칠 수는 있으나, 그 자체가 꼭 정확하지 않을 수도 있다는 점에 유의해야 한다.

연습문제

1. 아래 문장들의 판단의 종류를 밝히고, 환질, 환위, 환질환위하라.

    (1) 정신적인 결함이 있는 사람은 증인으로 삼을 수 없다.
    (2) 공중도덕을 부정하는 모든 언행은 용납되지 않는 것이다.
    (3) 어떤 학생은 대학생이 아니다.
    (4) 어떤 범죄는 경범죄다.

2. 다음의 직접추리는 왜 잘못된 것인가?

    (1) 모든 인간은 다 동물이다. 그러므로 모든 동물은 다 인간이다.
    (2) 어떤 학생은 보이스카웃 대원이다. 그러므로 모든 보이스카웃 대원은 학생이다.
    (3) 다음 이야기를 읽은 후, 손님으로 왔던 세 영감이 왜 화를 내며 돌아갔는지를 환질법, 환위법, 선언추리 등의 지식을 활용하여 대답하라.

    생일 저녁에 박 영감은 술이나 한잔 같이 나누려고 마을의 노인 네 사람을 초청했다.
    저녁때가 되자 노인 세 사람은 제시간에 왔는데 한 사람이 늦도록 오지 않았다. 그리하여 박 영감은 세 노인을 앉혀 놓고 기다리다 보니 어느덧 일곱 시가 되어 가고 있었다.

손님으로 온 세 노인은 고픈 배를 참아 가며 입맛만 다시고 있다가 주인 영감에게 말했다.

"여보 주인 영감, 이젠 밤이 깊어가는구만!"

그러나 박 영감은 "그런데 글쎄 와야 할 영감이 오지 않았거든……"하고 중얼거렸다.

이 말을 듣고 앉아 있던 한 영감이 벌떡 일어나면서 "뭐요, 와야 할 영감이 오지 않았다구? 알고 보니 난 와야 할 사람이 아니었군!"하고는 문을 차고 나가 버렸다.

박 영감은 뒤따라 나가면서 만류했지만 소용이 없었다. 방안에 되돌아온 박 영감은 "허 참, 가지 말아야 할 영감이 갔군!"하고 자책하듯 말했다.

그러자 앉아 있던 다른 영감이 또 즉각 일어서면서 "가지 말아야 할 영감이 갔다고? 알겠수다. 내가 가야 할 사람이구만!"하고 나가 버렸다.

세 영감 중 둘이나 나가 버리자 박 영감은 어떻게 된 영문인지 알지 못하여 멍하니 남아 있는 영감을 쳐다볼 뿐이었다.

남은 영감은 치밀어 오르는 배알을 참아 가면서 박 영감에게 말했다.

"여보, 박 영감, 무슨 말을 그렇게 하오! '와야 할 영감이 오지 않았다'고 하니 그 영감이 어찌 돌아가지 않겠소, 그리고 또 '가지 말아야 할 영감이 갔다'고 하니 저 영감이 어찌 돌아가지 않겠소! 말을 좀 생각해서 하시오!"

그러자 박 영감은 억울하다는 듯이 손을 내저으면서 "영감도 알겠지만 내가 어디 그 두 영감을 가리켜 말한 건가?"하고 도리어

화를 냈다.

"옳지, 그럼 날 두고 한 소리구만! 나도 가네!" 하고는 세번째 영감도 문을 꽝 닫고 나가 버렸다.

결국 손님 셋이 다 돌아가고 박 영감은 텅 빈 방안에 홀로 앉아 천정만 쳐다보고 있었다.

3. 다음 삼단논법의 대전제, 소전제, 결론과 대개념, 매개념, 소개념을 지적하라.

   (1) 용기있는 사람은 고생을 두려워하지 않는다. 그들은 고생을 두려워한다. 그러므로 그들은 용기있는 사람이 아니다.
   (2) 과학자는 귀신을 믿지 않는다. 우리는 과학자다. 그러므로 우리는 귀신을 믿지 않는다.

4. 다음의 삼단논법들은 삼단논법의 어느 규칙을 위반했는가?

   (1) 학칙은 우리가 당연히 지켜야 할 중요한 규범이다. 교통법규는 학칙이 아니다. 그러므로 교통법규는 우리가 당연히 지켜야 할 규범이 아니다.
   (2) 운동은 체력을 증강할 수 있다. 지구의 자전은 운동이다. 그러므로 지구의 자전은 체력을 증강할 수 있다.
   (3) 건강이 나쁜 사람은 과음을 해서는 안 된다. 그들은 건강이 나쁘지 않다. 그러므로 그들은 과음을 해도 된다.
   (4) 교육자는 헌신적이다. 교육자는 인간이다. 그러므로 모든 인간은 헌신적이다.
   (5) 가수는 연예인이다. 채플린은 연예인이다. 그러므로 채플린

은 가수다.

(6) 어떤 사람은 농민이다. 어떤 사람은 과학자다. 그러므로 어떤 과학자는 농민이다.

5. 다음의 생략삼단논법에서 생략된 부분을 제시하고 완전한 삼단논법으로 회복시키며 그 격과 식을 제시하라.

(1) 건강이 나쁜 사람은 과음을 하지 말아야 한다. 그는 과음을 하지 말아야 한다.
(2) 당신은 정치인이다. 당신은 법을 모범적으로 준수해야 한다.
(3) 수은은 고체가 아니다. 그러므로 어떤 금속은 고체가 아니다.

6. 아래에 열거한 개념들로 복합삼단논법의 전진식, 후퇴식 및 그 연쇄식을 구성하라.

(1) 과학 (2) 자연과학 (3) 물리학 (4) 합법칙성
(5) 만유인력 (6) 물체의 낙하

7. 아래의 조건추리는 왜 잘못인가?

(1) · 만약 남자라면 수줍어하지 않을 것이다.
    · 나는 남자가 아니다(여자다).
    · 그러므로, 나는 수줍어한다.
(2) 만약 그가 논리학을 배운 사람이라면 논리적 사고를 할 수

있을 것이다. 그는 논리적 사고력을 가지고 있다. 그러므로 그는 논리학을 배운 사람이다.

8. 다음 이야기를 읽고 어째서 경찰이 내세운 증거가 부정되게 되었는지를 밝혀라.

어느 해 가을 어떤 부족의 추장이 승용차를 타고 휴양지로 가던 도중 은행 앞 큰길에서 총탄에 맞아 암살당한 사건이 발생했다.

경찰에서는 이 암살사건을 밝혀 내기 위하여 여러모로 수사한 끝에 다딴니라는 청년을 이 암살사건의 범인이라고 단정했다. 그래서 다딴니는 즉시 체포되었는데, 며칠 후에 심장병이 도져 구치소 안에서 죽고 말았다.

경찰에서 다딴니를 이 암살사건의 범인이라고 단정하는 주요한 증거는 다음과 같은 두 가지였다.

첫째, 추장이 승용차를 타고 은행 앞길을 지나갈 때 피살되었는데, 그날 다딴니가 아무 볼일도 없이 은행의 7층에 있었다는 것을 목격한 증인이 있다.

둘째, 은행의 7층에서 구경 6.5미리의 권총 한 자루를 발견했는데, 다딴니가 석 달 전에 구경 6.5미리의 권총을 구입한 일이 있다.

그런데 다딴니의 변론을 맡았던 추장국의 한 변호사는 경찰의 증거가 불충분하다며 법원에 이의를 제기했다. 변호사는 경찰이 제시한 증거에 비추어 다음과 같이 지적했다.

첫째, 만일 총탄이 은행 7층에서 발사된 것이라면, 그때 은행 7층에 있던 사람만이 범인일 수 있는 것은 당연하다. 그리고 다딴니가 그날 확실히 그 7층에 있었다고 하자. 그러나 이것을 그가 범인이라는 증거로 삼는 것은 불충분하다.

　둘째, 만일 범인이 확실히 구경 6.5미리의 권총으로 범행을 저질렀다면 오직 구경 6.5미리의 권총을 가진 사람만이 범인으로 될 수 있다. 그리고 다딴니가 확실히 석 달 전에 이런 권총을 샀다고 하자. 그러나 이것을 그가 범인이라는 증거로 삼는 것은 역시 불충분한 것이다.

　셋째, 수사한 결과에 의하면 은행 7층에서 발견한 그 권총은 마지막에 연속 다섯 발을 쏜 것이었다. 그런데 경찰에서 암살현장을 자세히 감정하여 제출한 보고서에 의하면 연속 두 발만을 쏜 것이다. 그러므로 경찰이 은행 7층에서 발견한 그 권총을 범인이 암살할 때 쓴 흉기라고 단정하는 것은 성립될 수 없는 것이다.

　이와 같은 변호사의 상세한 반론에 따라 법원에서는 경찰의 주장을 기각했다. 따라서 경찰은 추장 암살사건을 다시 조사하지 않을 수 없게 되었다.

9. 다음의 이야기를 읽고 점쟁이의 추리과정과 추리의 종류를 설명하라.

　옛날에 포악하기로 이름난 황제가 있었는데, 나이가 칠십 고개를 넘어 저승으로 갈 날이 멀지 않게 되었다. 하지만 단 몇 년이라도 더 호강을 누리려고 보약이란 보약은 모두 써 가면서 장수하기만 바랐다.

　그런데 어느 날 갑자기 중병에 걸려 앓아눕더니 다시는 병석에서 일어나지 못했다.

　자기의 명이 얼마 남지 않았다는 것을 눈치챈 그는 죽은 다음에라도 천당에 가서 여전히 호강을 누렸으면 하는 것이 유일한 소원이었다.

그래서 황제는 어느 날 용하다고 소문난 점쟁이를 불러다 놓고 임명했다.

"내가 죽은 다음 천당에 갈 것인지 아니면 지옥에 갈 것인지 점을 쳐 보아라!"

그러자 점쟁이는 서슴지 않고 대답했다.

"예 황제 폐하! 저는 폐하를 위하여 이미 점을 쳐 보았습니다. 그런데 점괘에 나오기를 폐하께서는 돌아가신 뒤에 지옥으로 가실 것 같습니다."

"뭐라고!"

황제는 뜻밖의 대답에 겁도 나고 화도 나서 눈알을 부릅뜨고 입술을 떨면서 소리쳤다. 잠시 후 황제는 마음을 진정시키고 나서 다시 물었다.

"그래, 천당에는 왜 못 가게 된단 말이냐?"

"황송한 말씀입니다만, 점괘에 의하면 황제께서 천당에 갈 사람을 너무 많이 죽였기 때문에 천당이 꽉 차서 더 이상 받아들일 수 없답니다."

이 말을 듣자 황제는 맥없이 입을 벌리더니 그만 숨을 거두고 말았다.

10. 다음 글을 읽고, 호텔 직원은 어떻게 착오없이 비행기표를 분배했는지를 설명하라.

어떤 호텔의 직원이 자기 호텔에 투숙한 일본인, 미국인, 영국인 등 세 사람의 비행기표를 사왔다. 그런데 그 비행기표를 사온 직원이 퇴근해 버렸기 때문에 다른 직원이 이 일을 처리해야 했다.

따라서 그는 어떤 비행기표가 누구의 것인지를 몰라 다른 직원에게 물어 보니 그 세 사람 가운데 한 사람은 동경으로 가고, 한 사람은 뉴욕으로 가고, 한 사람은 런던으로 간다는 것이며, 또 일본인은 동경으로 가지 않고 영국인은 런던으로 가지 않고 미국인은 뉴욕에도 런던에도 가지 않는다는 것이었다.

이런 상황을 알자 그 직원은 비행기표를 세 손님에게 정확하게 나누어 주었다.

11. 아래에 열거한 판단들을 전제로 하여 양도추리를 진행하면 어떤 결론을 얻을 수 있는가? 그 추리형식은 어떠한가?

(1) 만약 사고방식이 객관적 현실을 초월하면 모험주의의 오류를 범하게 된다. 만약 사고방식이 객관적 현실보다 뒤떨어지면 보수주의의 오류를 범하게 된다. 사고방식이 객관적 현실을 초월했거나 객관적 현실보다 뒤떨어졌다.

(2) 만약 철저한 과학자라면 사물을 사실 그대로 대할 것이다. 만약 철저한 과학자라면 객관적 법칙을 존중할 것이다. 그는 사물을 사실 그대로 대하지 않거나 객관적 법칙을 존중하지 않는다.

12. 아래의 물음에 답하라.

(1) 다음 이야기에서 도사의 추리형식은 어떠하며, 그 오류는 어디에 있는가?

옛날에 도술이 신통하다고 자처하는 도사가 있었는데 자기가 그린 그림 한 장을 방안에 붙여 놓으면 밤에 모기가 들어오지 않는다고 큰소리쳤다.

그러자 한 젊은이는 그 도사에게서 그림 한 장을 사다 방안에 붙여 놓고 밤에 잠을 자 보았다. 그런데 모기는 여전히 앵앵 날아다니며 잠을 못 자게 하는 것이었다.

도사에게 속았다고 생각한 젊은이는 새벽에 일어나자마자 도사를 찾아가서 따졌다.

"당신은 왜 사람을 속이는 거요?"

"사람을 속이다니, 어디 직접 가서 확인해 보세."

도사는 젊은이를 앞세우고 그 집에 와서 젊은이의 방안을 돌아본 다음 이렇게 말하는 것이었다.

"이렇게 붙여서야 모기가 안 들어올 리가 있나! 자넨 그림을 붙이는 순서가 틀렸네."

"그림을 붙이는 순서라니요?"

"그렇다네, 순서가 틀렸어. 매일 저녁 방안의 모기를 전부 쫓아내고 문을 꼭 닫은 후에 이 그림을 붙여야 한단 말일세!"

(2) 다음 말에서 양도추리의 잘못은 어디에 있는가?

만약 운동을 지나치게 많이 하면 공부에 나쁜 영향을 준다. 만약 운동을 너무 적게 하면 신체에 나쁜 영향을 준다. 운동을 지나치게 많이 하거나 너무 적게 한다. 그러므로, 어쨌든 공부에 나쁜 영향을 주거나 신체에 나쁜 영향을 준다.

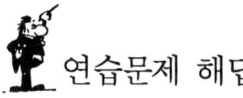 연습문제 해답

1. (1) 이 판단은 전칭부정판단이다.
   환질하면, '정신적인 결함이 있는 사람은 증인으로 삼을 수 있는 것이 아니다'로 된다.
   환위하면, '증인으로 삼을 수 있는 사람은 정신적인 결함이 있는 사람이 아니다'로 된다.
   환질환위하면, '증인으로 삼을 수 없는 어떤 사람은 정신적인 결함이 있는 사람이다'로 된다.
 (2) 이 판단은 전칭긍정판단이다.
   환질하면, '공중도덕을 부정하는 모든 언행은 용납되는 것이 아니다'로 된다.
   환위하면, '용납되지 않는 어떤 언행은 공중도덕을 부정하는 언행이다'로 된다.
   환질환위하면, '용납되는 것은 모두 공중도덕을 부정하는 언행이 아니다'로 된다.
 (3) 이 판단은 특칭부정판단이다.
   환질하면, '어떤 학생은 비대학생이다'로 된다.
   환질환위하면, '어떤 비대학생은 학생이다'로 된다.
   이 판단은 환위할 수 없다. 왜냐하면 이 판단을 환위하면 부정판단을 얻게 되기 때문이다. 이렇게 되면 원래의 판단에서 부주연되었던 개념이 환위한 후에 주연되게 되므로 환위법의 규칙을 위반하게 된다.
 (4) 이 판단은 특칭긍정판단이다.
   환질하면, '어떤 범죄는 경범죄가 아니다'로 된다.
   환위하면, '어떤 경범죄는 범죄다'로 된다.

이 판단은 환질환위할 수 없다. 왜냐하면 원래의 판단을 환질하면 특칭부정판단으로 되는데, 특칭부정판단은 환위할 수 없기 때문이다.

2. (1) 이 추리는 잘못되었다. SAP는 PIS로 환위할 수 있을 뿐 PAS로 환위할 수 없다는 규칙을 위반했기 때문이다.
   (2) 이 추리는 잘못되었다. SIP는 PIS로 환위할 수 있을 뿐 PAS로 환위할 수 없다는 규칙을 위반했기 때문이다.
   (3) ① 첫 영감의 경우
   '와야 할 사람이 오지 않았다'는 것은
   '와야 할 사람은 오지 않은 사람이다'와 같다.
   '와야 할 사람은 오지 않은 사람이다'를 환질하면,
   '와야 할 사람은 온 사람이 아니다'로 된다.
   '와야 할 사람은 온 사람이 아니다'를 환위하면.
   '온 사람은 와야 할 사람이 아니다'로 된다.
   '온 사람은 와야 할 사람이 아니다'를 환질하면,
   '온 사람은 오지 말아야 할 사람이다'로 된다.
   그러므로 첫 노인은 화가 나서 돌아갔던 것이다.

   ② 두번째 영감의 경우
   '가지 말아야 할 사람이 갔다'는 것은,
   '가지 말아야 할 사람은 간 사람이다'와 같다.
   '가지 말아야 할 사람은 간 사람이다'를 환질하면
   '가지 말아야 할 사람은 가지 않은 사람이 아니다'로 된다.
   '가지 말아야 할 사람은 가지 않은 사람이 아니다'를

환위하면,
'가지 않은 사람은 가지 말아야 할 사람이 아니다'로 된다.
'가지 않은 사람은 가지 말아야 할 사람이 아니다'를 환질하면,
'가지 않은 사람은 가야 할 사람이다'로 된다.
그러므로 두번째 영감도 화가 나서 돌아가지 않을 수 없었다.

③ 마지막 영감의 경우
마지막 영감이 가게 된 것은 선언추리의 결과다. 그 추리과정을 보면 다음과 같다.
· '혹은 첫 영감을 두고 한 말이거나 혹은 두번째 영감을 두고 한 말이거나 혹은 나를 두고 한 말이다.
· 그 두 영감을 두고 한 말이 아니다.
· 그러므로 나를 두고 한 말이다.'
이리하여 마지막 영감도 화가 나서 돌아가 버렸다.

3. (1) '용기있는 사람은 고생을 두려워하지 않는다'는 대전제이고, '그들은 고생을 두려워한다'는 소전제이며, '그들은 용기 있는 사람이 아니다'는 결론이다.
'용기있는 사람'은 대개념이고 '고생을 두려워한다'는 매개념이며 '그들은'은 소개념이다.
(2) '과학자는 귀신을 믿지 않는다'는 대전제이고, '우리는 과학자다'는 소전제이며, '우리는 귀신을 믿지 않는다'는 결론이다.

'귀신을 믿는다'는 대개념이고, '과학자'는 매개념이며, '우리'는 소개념이다.

4. (1) 이 삼단논법은 잘못되었다. 대개념인 '우리가 당연히 지켜야 할 중요한 규범'이라는 것은 전제에서 긍정판단의 술어로 쓰여 주연되어 있지 않다. 그런데 결론에서는 그것이 부정판단의 술어로 되어 있어 주연되었다. 그러므로 이 삼단논법은 '대개념 부당주연의 오류'를 범했다.
   (2) 이 삼단논법은 잘못되었다. 매개념으로 쓰이고 있는 '운동'은 같은 단어지만 실제로는 두 가지 개념을 표시하기 때문이다. 대전제에서의 '운동'은 체육운동을 가리키는 것이고, 소전제에서의 '운동'은 물체의 위치 변화를 가리키는 것이다. 그러므로 이 삼단논법은 '사개명사의 오류'를 범했다.
   (3) 이 삼단논법은 잘못되었다. 두 전제가 모두 부정판단이므로 아무런 결론도 도출해 낼 수 없는 것이다. 그러므로 이 삼단논법은 '두 전제 부정(양부정)의 오류'를 범하였다.
   (4) 이 삼단논법은 잘못되었다. 소전제에서 주연되지 않았던 소개념 '사람'이 결론에서 주연되어 있다. 따라서 이 삼단논법은 '소개념 부당주연 오류'를 범했다.
   (5) 이 삼단논법에서 매개념인 '연예인'은 두 전제 중에서 적어도 한 번은 주연되어야 하는데 여기에서는 한 번도 주연되지 않았다. 그러므로 이 삼단논법은 '매개념 부주연의 오류'를 범했다.
   (6) 이 삼단논법에서의 두 전제는 다 특칭판단으로 되어 있다.

두 전제가 다 특칭판단인 경우에는 아무런 결론도 도출해 낼 수 없는 것이다.

5. (1) 이 삼단논법에서는 소전제 '그는 건강이 나쁘다'가 생략되었다. 완전한 삼단논법으로 회복시키면, '건강이 나쁜 사람은 과음을 하지 말아야 한다. 그는 건강이 나쁘다. 그러므로 그는 과음을 하지 말아야 한다'로 된다. 이 삼단논법은 제1격 EAE식에 속한다.
   (2) 이 삼단논법에서는 대전제 '모든 정치인은 법을 모범적으로 준수해야 한다'가 생략되었다. 완전한 삼단논법으로 회복시키면, '모든 정치인은 법을 모범적으로 준수해야 한다. 당신은 정치인이다. 그러므로 당신은 법을 모범적으로 준수해야 한다'로 된다. 이 삼단논법은 제1격 AAA식에 속한다.
   (3) 이 삼단논법에서는 소전제 '수은은 금속이다'가 생략되었다. 완전한 삼단논법으로 회복시키면, '수은은 고체가 아니다. 수은은 금속이다. 그러므로 어떤 금속은 고체가 아니다'로 된다. 이 삼단논법은 제3격 EAO식에 속한다.

6.
   전진식 :
   · 과학은 합법칙성을 가진다.
   · 자연과학은 과학이다.
   ─────────────────────
   · 그러므로 자연과학은 합법칙성을 가진다.
   · 물리학은 자연과학이다.
   ─────────────────────
   · 그러므로 물리학은 합법칙성을 가진다.

· 만유인력은 물리학적 현상이다.
· 그러므로 만유인력의 법칙은 합법칙성을 가진다.
· 물체의 낙하는 만유인력 때문이다.
· 그러므로 물체의 낙하는 합법칙성을 가진다.

전진식의 연쇄식 :
  · 과학은 합법칙성을 가진다.
  · 자연과학은 과학이다.
  · 물리학은 자연과학이다.
  · 만유인력의 법칙은 물리학적 발견이다.
  · 물체의 낙하는 만유인력의 현상이다.
  · 그러므로 물체의 낙하는 합법칙성을 가진다.

후퇴식 :
  · 물체의 낙하는 만유인력 때문이다.
  · 만유인력의 법칙은 물리학적 현상이다.
  · 그러므로 물체의 낙하는 물리학적 현상이다.
  · 물리학은 자연과학이다.
  · 그러므로 물체의 낙하는 자연과학적 현상이다.
  · 자연과학은 과학이다.
  · 그러므로 물체의 낙하는 과학이다.
  · 과학은 합법칙성을 가진다.
  · 그러므로 물체의 낙하는 합법칙성을 가진다.

후퇴식의 연쇄식 :
  · 물체의 낙하는 만유인력 때문이다.
  · 만유인력은 물리학적 현상이다.
  · 물리학은 자연과학이다.
  · 자연과학은 과학이다.

· 과학은 합법칙성을 가진다.

　　· 그러므로 물체의 낙하는 합법칙성을 가진다.

7. (1) 이 추리는 잘못되었다. 충분조건의 조건추리의 전제가 진실하지 않으며, 또 추리과정이 '전건 부정으로부터 후건 부정의 결론을 끌어낼 수 없다'는 규칙을 위반했기 때문이다.

    (2) 이것은 잘못된 충분조건의 조건추리다. 왜냐하면 '후건 긍정으로부터 전건 긍정의 결론을 끌어낼 수 없다'는 규칙을 위반했기 때문이다.

8. 변호사의 논박으로 인하여 경찰의 논거가 전부 부정당했기 때문이다.

   첫 번째 분석에서 변호사는 경찰의 주장이 필요조건의 조건추리의 첫째 규칙을 위반했다는 것을 지적했다.

   경찰의 주장은 이러하다.

　　· 오직 그때 7층에 있던 사람만이 범인이다.
　　· 다딴니는 7층에 있던 사람이다.

　　· 그러므로, 다딴니는 범인이다.

   이것은 '전건 긍정으로부터 후건 긍정의 결론을 끌어내서는 안 된다'는 필요조건의 조건추리의 규칙을 위반했으므로 잘못된 것이다.

   두 번째 분석에서 변호사는 경찰의 주장이 역시 필요조건의 조건추리의 첫째 규칙을 위반했다는 것을 지적했다.

경찰의 논거는 이러하다.

· 오직 구경 6.5미리 권총을 가진 사람만이 범인이다.
· 다딴니는 구경 6.5미리 권총을 가진 사람이다.
· 그러므로, 다딴니는 범인이다.

이 논거도 전건 긍정으로부터 후건 긍정의 결론을 끌어냈으므로 잘못된 것이다.
세 번째 분석에서 변호사는 필요조건의 조건추리의 부정식을 정확히 적용하여 자기 변호의 확실성을 논증했다.
변호사의 논거는 이러하다.

· 오직 연속 두 발을 쏜 권총이어야 이번 암살사건의 흉기다.
· 연속 두 발을 쏜 권총이 아니다.
· 그러므로, 그 권총은 암살사건의 흉기가 아니다.

이것은 전건 부정으로부터 후건 부정의 결론을 끌어낸 것으로서 오직 두 전제가 진실할 것이기만 하면 그 결론은 필연적으로 정확한 것으로 된다.

9. 점쟁이의 추리과정을 보면 다음과 같다.

· 황제는 천당으로 가거나 지옥으로 간다.
· 황제는 (천당으로 갈 사람을 너무 많이 죽여 천당이 꽉 찼기 때문에) 천당으로 가지 못한다.
· 그러므로, 황제는 지옥으로 간다.

이것은 배제적 선언추리의 부정에 의한 긍정의 방식이다.

10. 직원은 다음과 같은 선언추리를 진행하여 세 손님의 갈 곳을 정확히 추리해 냈던 것이다.

   ① 미국 손님의 경우 :
      · 세 장의 비행기표는 동경으로 가는 것이거나 런던으로 가는 것이거나 뉴욕으로 가는 것이다.
      · 미국 손님은 뉴욕에도 런던에도 가는 것이 아니다.
      · 그러므로, 미국 손님은 동경으로 가는 것이다.

   ② 영국 손님의 경우 :
      · 나머지 두 장의 비행기표는 런던으로 가는 것이거나 뉴욕으로 가는 것이다.
      · 영국 손님은 런던으로 가는 것이 아니다.
      · 그러므로, 영국 손님은 뉴욕으로 가는 것이다.

   ③ 일본 손님의 경우 :
      · 일본 손님은 동경으로 가거나 런던으로 가거나 뉴욕으로 가는 것이다.
      · 일본 손님은 동경에도 뉴욕에도 가는 것이 아니다.
      · 그러므로, 일본 손님은 런던으로 가는 것이다.

11. (1) '그러므로, 모험주의의 오류를 범하거나 보수주의의 오류를 범한다'는 결론을 얻을 수 있다. 이것은 양도추리의 복합구성식이다.

이 추리의 형식은 다음과 같다.

· 만약 A라면 C다.
· 만약 B라면 D다.
· A거나 B다.
─────────────────
· 그러므로, C거나 D다.

(2) '그러므로, 그는 철저한 과학자가 아니다'라는 결론을 얻어 낼 수 있다. 이것은 양도추리의 단순파괴식이다. 이 추리의 형식은 다음과 같다.

· 만약 A라면 C다.
· 만약 A라면 D다.
· C가 아니거나 D가 아니다.
─────────────────
· 그러므로, A가 아니다.

12. (1) 도사의 사유과정을 다음과 같이 '양도추리' 형식으로 표시할 수 있다.

· 만약 모기가 들어오지 않았다면 나의 그림은 효험이 있는 것이어서 나는 너를 속이지 않았다.
· 만약 모기가 들어왔다면 너의 방법이 틀린 것이어서 나는 너를 속이지 않았다.
· 모기가 들어오지 않았거나 모기가 들어왔다.
─────────────────
· 그러므로, 나는 너를 속이지 않았다.

이 양도추리는 잘못된 것이다. 왜냐하면 '대전제에 있는 조건판단의 전건과 후건 사이에는 필연적인 관계가 있어야 한다'는 양도추리의 규칙을 위반했기 때문이다.

(2) 이것은 '소전제에 있는 선언지는 모든 가능성을 다 포괄해야 한다'는 양도추리의 규칙을 위반한 것이다. 즉, '만일 운동을 적당히 하면'이라는 이 선언지가 누락되어 있는 것이다.

제5장
귀납추리

1. 귀납추리란 무엇인가?

귀납추리란 개별적인 사물 혹은 현상으로부터 그 유(類)의 사물 혹은 현상의 일반적인 결론을 도출하는 추리방법이다.

귀납추리는 우리의 생활 속에서 아주 중요한 위치를 차지하고 있다. 객관 사물에 대한 인간의 인식은 언제나 먼저 구체적 대상과 개별적 사물로부터 시작된다.

그 다음 구체적 대상과 개별적 사물에 대한 그런 인식들에 근거하여 그 유의 사물 전체에 관한 인식을 갖게 된다.

귀납추리는 연역추리와 마찬가지로 객관 사물의 개별과 일반 사이의 관계를 반영한다. 그러나 귀납추리는 연역추리와 구별되는 자체의 특징을 가지고 있다.

귀납추리 사유의 진행 방향은 개별로부터 일반에 이르지만 연역추리 사유의 진행 방향은 일반으로부터 개별에 이른다. 귀납추리에서는 전제의 수를 한정할 수 없으며 전제의 수가 많으면 많을수록 결론의 확실성이 더 높아진다. 그러나 연역추리에서는 전제의 수가 한정되어 있다. 귀납추리의 전제는 개별적인 사물 또는 현상에 관한 판단이고, 결론은 그 유의 사물 또는 현상에 관한 일반적인 판단이므로 전제에서 단정한 범위를 벗어난다. 그러므로 귀납추리의 결론은 개연성을 띤다. 그러나 연역추리의 결론은 전제의 범위를 벗어나지 않으므로 필연성을 띤다.

귀납추리에는 완전귀납추리와 불완전귀납추리가 있으며 불완전귀납추리에는 통계적(통속적) 귀납추리, 인과적(과학적) 귀납추리, 원인 설정의 논리적 방법 등이 있다.

2. 완전귀납추리란 무엇인가?

완전귀납추리란 어떤 부류에 포괄되는 각각의 대상들이 모두 어떤 동일한 속성을 가지고 있다는 것으로부터 그 부류의 대상 전부가 그런 속성을 가지고 있다는 결론을 도출하는 귀납추리다.
예를 들면,

- 직각삼각형의 내각의 합은 180°다.
- 둔각삼각형의 내각의 합은 180°다.
- 예각삼각형의 내각의 합은 180°다.
- 직각삼각형, 둔각삼각형, 예각삼각형은 삼각형 유의 모든 대상이다.
- 그러므로, 모든 삼각형의 내각의 합은 180°다.

완전귀납추리를 공식으로 표시하면 다음과 같다.

- S_1은 P다.
- S_2는 P다.
- S_3는 P다.
  $\vdots$
- S_n은 P다.
  (S_1, S_2, S_3, ……S_n은 S류의 모든 대상이다.)
- 그러므로, 모든 S는 P다.

완전귀납추리를 진행하려면 다음과 같은 두 가지 규칙을 준수해야 한다.

첫째, 전제가 되는 판단들이 옳아야 한다. 만일 전제들 가운데 한 개의 전제라도 옳지 않으면 도출되는 결론이 옳을 수 없다.

둘째, 전제 중에 그 유의 대상 전부가 포괄되어야 한다. 만일 그 유의 일부 대상만 포괄되었다면 예외의 경우가 나타날 수 있으며, 따라서 그 결론이 틀릴 수 있다.

3. 통계적(통속적) 귀납추리란 무엇인가?

통계적 귀납추리란 같은 종류의 대상들에 동일한 속성이 있으며, 또 그와 모순되는 경우가 없다는 데 근거하여 같은 종류의 모든 대상에 그 속성이 있을 것이라는 결론을 도출하는 귀납추리다.

이것을 통계적 귀납추리라고 하는 것은, 그것이 과학적 논증에 적용되는 것이 아니라 주로 우리의 일상생활 과정에 적용되는 형식이기 때문이다.

통계적 귀납추리를 일명 '통속적 귀납추리 혹은 단순열거에 의한 귀납추리'라고도 하는데, 그것은 서로 모순되지 않는 일련의 경우들을 단순히 열거할 뿐, 그 이상의 아무런 추가적인 조작이 없이 일반적인 결론을 끌어내기 때문이다.

예를 들면, 이전에 사람들은 구리, 철, 아연, 납 등의 일부 금속들이 전기를 전도할 수 있다는 데 근거하여, 그리고 실천 과정에서 전기를 전도하지 않는 금속을 발견하지 않았다는 데 근거하여, 모든 금속은 전기를 전도한다는 결론을 도출해 냈다. 그 추리 과정을 보면 다음과 같다.

· 구리는 전기를 전도한다.
· 철은 전기를 전도한다.
· 아연은 전기를 전도한다.
· 납은 전기를 전도한다.
   (구리, 철, 아연, 납 등은 금속류의 부분적 대상들이다. 그리고 열거한 대상 가운데 서로 모순되는 경우가 없었다.)
· 그러므로, 모든 금속은 전기를 전도한다.

통계적 귀납추리를 공식으로 표시하면 다음과 같다.

· S_1은 P다.
· S_2는 P다.
· S_3는 P다.
    ⋮
· S_n은 P다.
   (S_1, S_2, S_3, ……S_n은 S류의 부분적 대상들이다. 그리고 열거된 대상들 가운데 서로 모순되는 경우가 없었다.)
· 그러므로, 모든 S는 P다.

통계적 귀납추리는 아주 흔히 쓰이는 불완전 귀납추리다.
  그런데 통계적 귀납추리의 결론은 필연성이 없고 개연성만 있을 뿐이다. 왜냐하면 이 추리에서 열거되는 사실은 같은 종류의 사물의 일부분이기 때문이다. 이런 일부 사실에 근거하여 그 유의 전체 대상에 관한 결론을 얻게 되므로 전제와 결론간의 연관이 필연적이 못 된다. 이미 관찰한 대상 이외의 다른 대상들에 이와 모순되는 경우가 있을 수도 있는 것이다.

예를 들면 '금속은 물에 가라앉는다', '물고기는 모두 아가미로 호흡한다', '새는 모두 날 수 있다'는 등의 결론은 모두 통계적 귀납추리를 적용하여 얻은 것이다. 그러나 후에 와서 물보다 가벼운 금속을 발견했으며, 남아메리카에서 허파로 호흡하는 물고기를 발견했으며, 아프리카에서 날지 못하는 타조를 발견한 후에는 이런 결론들이 모두 잘못된 것으로 판명되었다.

통계적 귀납추리의 결론의 확실성 정도를 높이려면, 첫째 전제 중에 열거되는 대상의 수가 많아야 하며, 둘째 예외의 사실을 수집하는 데 유의해야 한다.

통계적 귀납추리의 결론은 개연성을 띠고 있어 확실성을 담보하지는 못하지만 우리가 객관 사물을 인식하는 데 있어서 중요한 의의를 가지고 있다. 우리 조상들이 장기적인 실천적 경험들을 통해서 발견한 많은 가치있는 속담들, 예를 들면 '제비가 낮게 날면 비가 온다', '개미가 이사를 하면 장마가 진다', '눈이 많이 오면 이듬해에 풍년이 든다' 등은 모두 통계적 귀납추리를 적용하여 얻어낸 결론들이다.

4. 인과적(과학적) 귀납추리란 무엇인가?

인과적 귀납추리란 일명 과학적 귀납추리라고도 하는데, 이는 한 부류의 일부 대상과 그 속성간의 필연적 연관을 인식한 기초 위에서 그 부류 전체에 대한 일반적인 결론을 내리는 귀납추리다.

예를 들면,

· 철은 열을 받으면 체적이 팽창한다.

- 구리는 열을 받으면 체적이 팽창한다.
- 납은 열을 받으면 체적이 팽창한다.
  (철, 구리, 납은 금속의 일부분이다. 열을 받으면 금속분자의 응집력이 약해져 분자들간의 거리가 증가되기 때문에 그 체적이 팽창한다.)
- 그러므로, 모든 금속은 열을 받으면 체적이 팽창한다.

인과적 귀납추리를 공식으로 표시하면 다음과 같다.

- S_1은 P다.
- S_2는 P다.
- S_3는 P다.
  $\vdots$
- S_n은 P다.
  (S_1, S_2, S_3, ……S_n은 S류의 부분적 대상들이며 이들과 P간에는 필연적인 연관이 있다.)
- 그러므로, 모든 S는 P다.

인과적 귀납추리는 대상들간의 필연적 연관에 대한 인식을 근거로 삼고 있다. 현상이 나타난 원인을 인식했기 때문에 일반적인 결론을 내릴 수 있는 것이다. 그러므로 현상의 원인에 대한 분석이 믿음직한 것이라면 결론도 믿음직한 것으로서 필연성을 가지게 된다.

예를 들어 '마찰하면 열이 발생한다'는 원리는 여러 차례의 실험을 거쳐 얻은 결론이다. 물체는 마찰하면 열이 발생하며 또 이와 모순되는 경우에 한번도 부닥친 일이 없었다면 이 결론은 통계적 귀납추리로 얻어진 결론이다. 그러나 우리가 이에 대한 연구를 계속 진행하여 물체가 마찰되면 물체 내부의 분자의 운동이 활발해져 열이 발생한다는 것을 알게 되었다면, 이때의 결론은 통계적 귀납추리로 얻어진 것이 아니라 인과적 귀납추리로 얻어진 것이다.

인과적 귀납추리가 통계적 귀납추리와 다른 점은 다음과 같다.

첫째, 추리의 근거가 다르다. 통계적 귀납추리는 한 유의 일부 대상들에 동일한 속성이 반복해서 나타나고 있으며, 또 이와 모순되는 경우가 한번도 나타난 일이 없었다는 데 근거하여 결론을 내린다. 그러나 인과적 귀납추리는 사물의 표면 현상에 대한 인식에 머무르지 않고 사물의 본질에 대하여 그 현상의 발생 원인을 분석한 다음 결론을 내린다.

둘째, 결론의 확실성이 다르다. 통계적 귀납추리의 결론은 개연적인 것으로서 그것이 참일 수도 있고 거짓일 수도 있으므로 꼭 확실한 것이라고 할 수는 없다. 그러나 인과적 귀납추리의 결론은 의거하는 사실이 확실하고 필연적 연관에 대한 분석이 정확하기만 하면 확실한 것으로 된다.

셋째, 전제의 수가 하는 역할이 다르다. 통계적 귀납추리에서는 전제의 수가 아주 중요한 역할을 한다. 그러나 인과적 귀납추리에서는 전제의 수가 많지 않다 해도 그것들의 필연적인 연관을 인식한 것이라면 그로부터 정확한 결론을 얻을 수 있으므로 전제의 수가 중요한 의의를 가지지 않는다.

인과적 귀납추리는 이러한 특징을 가지고 있기 때문에 우리의 사유활동에서 광범위하게 적용되고 있다.

5. 일치법이란?
어떻게 일치법을 이용하여 인과적 연관을 판명하는가?

원인 설정의 논리적 방법에는 일치법, 차이법, 일치·차이병용법, 공변법, 잉여법 등이 있다.

일치법이란 연구되는 현상이 나타나는 몇 가지 경우 중에서 만일 한 가지 정황만 공통되고 기타 정황은 다르다면, 이 공통된 정황을 연구되는 현상의 원인이라고 인정하는 논리적 방법이다. 다시 말하면 동일한 결과를 일으키는 선행정황들 가운데 오직 공통적으로 작용하고 있는 정황을 찾아내고, 그것을 연구되는 현상의 원인이라고 인정하는 방법이다.

예를 들어 무지개가 생기는 원인을 연구한다고 하자. 이때 연구자는, 무지개는 비가 온 다음 해가 났을 경우에 생긴다는 것, 또한 개인 날 폭포 옆이나 분수 옆에서 생긴다는 것을 알게 된다. 이로부터 다른 조건들은 다 다르지만 물방울과 태양광선이 공통적으로 존재한다는 사실로부터 '무지개의 원인은 물방울 속에 광선이 통과한 데 있다'는 결론을 일치법에 의하여 내리게 된다.

일치법을 공식으로 표시하면 다음과 같다.

경우	선행정황	연구되는 현상
(1)	A, B, C	a
(2)	A, D, E	a
(3)	A, F, G	a
⋮		

그러므로, A는 a의 원인이다.

일치법을 적용할 때는 다음과 같은 두 가지 점에 주의해야 한다.

첫째, 여러 가지 정황 중에서 기타의 다른 공통된 정황이 없는가를 잘 분석해야 한다. 그리고 다른 정황 가운데 은폐되어 있는 공통된 정황을 찾아내야 한다. 왜냐하면 이 은폐되어 있는 공통된 정황이 연구되는 현상의 원인일 수 있기 때문이다.

예를 들면 솜과 눈은 모두 보온할 수 있다. 그런데 이것들이 보온할 수 있는 원인을, 두 사물의 공통적 현상인 흰색이라고 결론짓는다면 그것은 잘못된 것이다. 왜냐하면 태양광선을 가장 잘 흡수하지 않는 것이 바로 백색이므로 그것이 보온의 원인으로 될 수 없기 때문이다. 그러므로 이런 표면적으로 공통된 정황은 마땅히 배제해야 한다. 보온의 진정한 원인은 은폐되어 있는 다른 공통된 정황, 즉 솜 또는 눈의 많은 구멍 속에 들어 차 있는 공기인 것이다.

둘째, 전제에서 비교하는 경우가 많을수록 결론의 확실성이 더 높아진다. 비교하는 경우가 적으면 진정한 원인이 아니면서 공통된 정황을 연구되는 현상의 원인이라고 잘못 결론지을 수 있다.

예를 들면 일식 또는 월식이 나타나는 것을 전쟁이나 천재지변이 일어날 징조(원인)로 간주하는 것은 잘못된 것이다. 이런 오류는 소수의 정황 속에서 나타난 두 현상간의 우연적인 결합을 인과적 관계로 보는 데서 생긴 것이다.

일치법은 제한성을 가지고 있다. 일치법은 한 개의 원인과 한 개의 결과간의 관계는 밝혀낼 수 있지만, 몇 가지 원인이 결합되어 작용하는 복잡한 정황은 밝혀낼 수 없다. 그러므로 일치법의 결론은 확실성을 가지지 못하고 개연성을 가질 뿐이다.

일치법은 일반적으로 과학연구의 첫 단계에서 사용되는 바 더 깊이 연구하는 데 필요한 초보적인 결론을 얻을 수 있을 뿐이다.

6. 차이법이란?
어떻게 차이법을 이용하여 인과적 연관을 판명하는가?

차이법이란 연구되는 현상이 발생하는 경우와 발생하지 않는 경우를 비교하여 그것들에 선행하는 조건들 중에서 다른 것은 다 같은데 단 한 개의 조건에만 차이가 날 때, 이 차이나는 조건을 연구되는 현상의 원인으로 인정하는 논리적 방법이다.

예를 들면 공기가 들어 있는 밀폐된 유리관 속에 쥐 한 마리를 넣었는데 쥐는 여전히 살아 있었다. 그러나 그 유리관 안의 공기를 빼내자 쥐는 금방 죽었다. 이 두 가지 경우에는 다른 정황은 다 동일하고 다만 공기가 있는가 없는가 하는 정황만이 달랐다. 이로부터 공기가 없는 것은 쥐가 죽게 된 원인이라는 결론을 얻어낼 수 있다.

차이법을 공식으로 표시하면 다음과 같다.

경우	선행정황	연구되는 현상
(1)	A, B, C	a
(2)	—, B, C	—

그러므로, A는 a의 원인이다.

차이법은 일치법에 비해 다음과 같은 우월성을 가지고 있다.

첫째, 차이법은 주로 실험에 적용되고 일치법은 주로 관찰에 적용된다. 실험은 인공적으로 어떤 조건을 증가시키기도 하고 감소시키기도 할 수 있어 동일한 현상을 반복적으로 고찰할 수 있다.

둘째, 차이법은 일치법에 비하여 더욱 믿음직한 결론을 얻을 수 있다. 왜냐하면 차이법은 흔히 과학적 실험과 연관되어 있기 때문에 결론의 확실성 정도가 일치법보다 높다. 차이법은 일치법보다 확실성이 크지만 잘못 적용하면 오류로 될 수 있다. 그러므로 차이법을 적용할 때 다음과 같은 두 가지 점에 주의해야 한다.

첫째, 연구되는 현상이 출현하는 경우와 출현하지 않는 두 가지 경우에서 한 가지 정황이 다른 외에 또 기타의 다른 정황이 없는가 하는 것을 똑똑히 밝혀야 한다. 만일 기타 정황 중에 또 다른 차이점이 바로 연구되는 현상의 진정한 원인으로 될 수도 있는 것이다.

둘째, 두 가지 경우 중 유일하게 다른 정황이 연구되는 현상의 원인의 전부인가 아니면 원인의 일부분인가를 잘 분석해야 한다. 그렇지 않으면 부분적인 원인을 유일한 원인으로 잘못 결론짓게 된다.

7. 일치·차이병용법이란? 어떻게 일치·차이병용법을 이용하여 인과적 연관을 판명하는가?

일치·차이병용법이란 연구되는 현상이 나타나는 몇 개의 경우에는 한 가지 공통된 정황이 존재하며, 연구되는 현상이 나타나지 않는 몇 개의 경우에는 이런 정황이 없다면, 이 정황을 연구되는 현상의 원인으로 인정하는 논리적 방법이다.

예를 들면, 공중에서 물체의 자유낙하속도의 차이를 가져오는 원인을 연구하기 위하여 우선 같은 질량을 가진 두 물체를 동일한 높이에서 낙하시킬 때 그의 체적과 형태를 달리했는데, 그때마다 낙하물체의 속도에 차이가 생긴다는 것을 증명했다. 이로부터 차이법에 의하여 낙하속도가 다른 원인은 물체의 체적과 형태에 있다는 결론을 지었다.

그 다음 이 결론을 일치법에 의하여 증명했다. 즉, 동일한 높이에서 서로 다른 질량을 가진 물체들의 체적과 형태를 동일하게 만들고 낙하시켰을 때 낙하속도가 동일하다는 것을 관찰했다. 이로부터 낙하속도가 동일한 원인은 물체의 체적과 형태의 동일성에 있다는 결론을 내렸다.

이와 같이 일치법과 차이법을 결합하여, 물체의 자유낙하속도의 차이의 원인은 물체의 형태와 체적의 차이에 있다는 결론을 도출해 냈다. 이것이 바로 일치·차이병용법을 이용하여 얻어낸 결론이다.

일치·차이병용법을 공식으로 표시하면 다음과 같다.

경우	선행정황	연구되는 현상	
(1)	A, B, C	a	⎤
(2)	A, D, E	a	⎬ 적극사례
(3)	A, F, G	a	⎦
⋮	⋮ ⋮ ⋮	⋮	
(1′)	B, M, N	—	⎤
(2′)	D, O, P	—	⎬ 소극사례
(3′)	F, Q, R	—	⎦
⋮	⋮ ⋮ ⋮	⋮	

그러므로, A는 a의 원인이다.

일치·차이병용법은 일치법도 사용하고 차이법도 사용한다. 적극사례에서 일치법으로 공통된 정황이 연구되는 현상의 원인이라는 결론을 얻는다. 그리고 소극사례에서 또 일치법으로 어떤 정황이 없는 것은 연구되는 현상이 출현하지 않는 원인이라는 결론을 얻는다. 그 다음 적극사례에서 얻은 결론과 소극사례에서 얻은 결론을 비교하면서 차이법을 적용하여 차이나는 조건이 연구되는 현상의 원인이라는 결론을 얻는다.

일치·차이병용법을 적용할 때 다음과 같은 두 가지 점에 주의해야 한다.

첫째, 적극사례와 소극사례에서 사실을 많이 들수록 결론의 확실성 정도가 더 높아진다. 고찰한 사실이 많을수록 우연적인 연관을 배제할 수 있다.

둘째, 소극사례의 사실은 적극사례의 사실과 유사한 것이어야 한다. 왜냐하면 소극사례의 사실이 적극사례의 사실과 유사할수록 결론의 확실성 정도가 더 높아지기 때문이다.

8. 공변법이란?
   어떻게 공변법을 이용하여 인과적 연관을 판명하는가?

공변법이란 다른 조건이 변하지 않은 정황하에서 한 현상이 변함에 따라 연구되는 현상도 동시에 변화를 일으킨다면, 앞의 현상을 연구되는 현상의 원인이라고 인정하는 논리적 방법이다.

예를 들면, 일반적인 조건하에서 온도에 일정한 변화가 생기면 금속의 체적도 일정한 변화를 일으킨다. 즉, 온도가 높아지면 금속의 체적이 커지고 온도가 낮아지면 금속의 체적이 작아진다.

이로부터 온도의 변화는 금속의 체적 변화의 원인이라는 것을 알 수 있다.

공변법을 공식으로 표시하면 다음과 같다.

경우	선행정황	연구되는 현상
(1)	A_1, B, C	a_1
(2)	A_2, B, C	a_2
(3)	A_3, B, C	a_3
⋮	⋮	⋮

그러므로, A는 a의 원인이다.

공변법을 적용할 때 한 현상의 변화에 따라 연구되는 현상이 변화할 때 기타의 정황은 변화되지 말아야 한다. 그렇지 않고 기타의 정황도 변화되는데 공변법을 적용하게 되면 그릇된 결론을 도출하게 된다.

예를 들면, 철에 점차 열을 가하면서 동시에 강한 압력을 계속 가한다면 철의 체적이 부단히 팽창되는 것이 아니라 부단히 축소된다. 이와 같이 압력이 부단히 증가되었다는 이 기타 정황의 변화를 무시하면 가열은 체적 축소의 원인이라고 그릇된 결론을 도출하게 될 것이다.

공변법을 적용할 때는 다음과 같은 두 가지 점에 주의해야 한다.

첫째, 두 현상간의 공변에는 한도가 있으므로, 그 한도를 넘으면 공변관계가 없어진다.

예를 들면, 농작물을 촘촘하게 심으면 적당한 한도 내에서는 증산할 수 있지만, 그 한도를 벗어나면 도리어 감산될 수 있다.

둘째, 인과적 연관이 있는 공변현상과 인과적 연관이 없는 공변현상을 잘 구별해야 한다.

예를 들면, 번개빛의 강약과 천둥소리의 대소는 공변관계가 있다. 번개빛이 강하면 천둥소리도 크고 번개빛이 약하면 천둥소리도 작다. 그러나 번개빛과 천둥소리는 인과적 연관이 없다. 이것들은 모두 기층의 방전에 따라 생긴 것으로서, 방전의 양에 따라 변화되는 현상들이다.

공변법은 과학연구와 실천활동에 널리 이용되는 방법이다. 온도계, 압력계, 저울, 혈압기 등은 모두 공변법에 의하여 제작해 낸 기구들이다.

9. 잉여법이란?
   어떻게 잉여법을 이용하여 인과적 연관을 판명하는가?

잉여법이란 선행하는 합성적인 현상이 후행하는 합성적인 현상의 원인이며, 선행하는 현상 중의 일부분이 후행하는 현상 중의 일부분의 원인이라는 것을 알았을 때, 선행하는 현상 중의 나머지 부분은 후행하는 현상 중의 나머지 부분의 원인이라고 인정하는 논리적 방법이다.

예를 들면, 1781년에 천왕성을 발견한 후 천문학자들은 천왕성의 운행 궤도를 관찰하던 중에 궤도의 네 곳에서 경사현상이 생기는 것을 발견했다. 그런데 세 곳에서 경사현상이 생기는 것은 이미 발견한 세 개의 행성의 인력 때문이라는 것을 알 수 있었다. 그리하여 천문학자들은 잉여법에 의하여 나머지 한 곳의 경사현상은 아직 발견되지 않은 다른 한 행성의 인력 때문이라고 추측했다.

1846년 9월 23일, 천문학자들은 과연 그 위치에서 태양계의 여덟 번째 행성인 해왕성을 발견했던 것이다.

잉여법을 공식으로 표시하면 다음과 같다.

· A, B, C, D는 a, b, c, d의 원인이다.
· A는 a의 원인이다.
· B는 b의 원인이다.
· C는 c의 원인이다.

· 그러므로, D는 d의 원인이다.

잉여법을 적용할 때 다음과 같은 두 가지 점에 주의해야 한다.

첫째, 후행하는 현상 중의 일부분(a, b, c)은 선행하는 현상 중의 일부분(A, B, C)이 일으키며 나머지 부분(d)은 선행하는 현상 중의 일부분(A, B, C)이 일으키지 않았다는 것이 확인되어야 한다. 만일 나머지 부분 d 역시 A, B, C 중의 하나가(혹은 함께) 작용한 결과라면 D가 d의 원인이라고 결론지을 수 없는 것이다.

둘째, 나머지 부분의 원인 D는 단일한 정황이 아니라 복잡한 정황일 수도 있다. 그러므로 이러한 경우에는 경솔하게 한 가지로 결론짓지 말고 구체적으로 분석해야 한다.

잉여법은 과학연구 분야에서 널리 적용되고 있다. 많은 경우에 과학은 이미 이전에 원인이 밝혀진 나머지 현상들을 부단히 연구하게 되므로 흔히 잉여법을 적용하여 인과적 연관을 설정하고 그것을 해명하게 되는 것이다.

상술한 일치법, 차이법, 일치·차이병용법, 공변법, 잉여법은 원인 설정의 논리적 방법의 다섯 가지 기본형태다. 이런 방법들은 우리의 실천활동과 과학연구에서 중요한 의의를 가진다. 그런데 원인 설정의 논리적 방법들은 각각 고립적으로 적용되는 것이 아니라 상호 결합되어 적용된다. 우리는 관찰과 실천, 비교, 분석 과정에서 원인 설정의 논리적 방법들을 종합적으로 적용함으로써 객관 세계의 인과적 연관에 관한 결론들을 끌어내게 된다. 이러한 논리적 방법들은 제 마음대로 만들어 낸 것이 아니라 객관 세계의 인과적 연관이 가지고 있는 일정한 측면이 반영되어 하나의 사유적 도식으로 고착된 것이다.

10. 유비추리란?
유비추리는 어떤 의의를 가지고 있는가?

유비추리란 두 대상의 일련의 속성이 동일하다는 사실에 근거하여 두 대상의 기타 속성도 동일하리라는 결론을 끌어내는 추리의 형태다.

예를 들면,

- 소리 현상은 직선전파, 반사, 교란, 파동 등의 속성을 가지고 있다.
- 빛 현상은 직선전파, 반사, 교란 등의 속성을 가지고 있다.
- 그러므로, 빛 현상도 파동의 속성을 가지고 있을 것이다.

유비추리를 공식으로 표시하면 다음과 같다.

- A대상은 속성 a, b, c, d를 가지고 있다.

· B대상은 속성 a, b, c를 가지고 있다.
· 그러므로, B대상도 속성 d를 가지고 있을 것이다.

유비추리의 결론은 개연성을 가질 뿐 필연성을 가지지 못한다. 왜냐하면, 첫째 두 대상이 동일한 속성을 가졌다고 하여 모두 동일한 부류에 속하는 것은 아니며, 둘째 동일한 부류에 속하는 대상도 속성마다 동일한 것이 아니며, 어떤 속성은 바로 그 두 대상의 차이점일 수도 있으며, 셋째 사물의 속성들간에는 일정한 연관이 있으나 그것이 다 필연적인 연관은 아니기 때문이다.

유비추리의 확실성을 높이려면 다음과 같은 점에 유의해야 한다.

첫째, 유비대상간에 동일한 속성이 많을수록 결론의 확실성이 더 커진다. 즉, 비교하는 두 대상에 동일한 속성이 많으면 많을수록 두 대상이 유와 종 관계에서 더욱 접근되며, 동일한 부류에 속하는 사물일 가능성을 더욱 높여 준다. 이리하여 도출되는 속성도 두 대상에 공통적으로 존재하는 속성으로 될 가능성이 커진다.

둘째, 전제에서 확인하는 동일한 속성이 대상들의 본질적인 속성일수록 결론의 확실성이 더 커진다. 왜냐하면 대상의 본질적 속성은 흔히 비본질적 속성을 규정하며 비본질적 속성은 본질적 속성에서 파생된 것이기 때문이다. 만일 전제에서 확인하는 두 대상의 동일한 속성이 본질적인 것이라면 필연적으로 동일한 기타의 속성들이 있게 된다.

사물의 우연적이며 비본질적인 속성을 서로 비교하거나 다른 부류의 사물을 서로 비교한다면 잘못된 결론을 얻게 된다. 이런 논리적 오류를 '기계적 유비'라고 부른다.

셋째, 서로 유비하는 두 대상의 동일한 속성과 유추되는 속성간에 밀접한 연관이 있을수록 결론의 확실성이 더 커진다. 만일 그 연관이 필연적인 것이면 결론의 확실성이 크고, 그 연관성이 필연적인 것이 아니면 결론의 확실성이 작고, 그 연관이 모순되는 것이면 결론이 그릇된 것으로 된다.

유비추리의 결론은 개연성을 가지고 있다. 그러나 유비추리는 우리가 세계를 인식하고 세계를 변화 발전시키는 실천활동에서 아주 중요한 의의를 가지고 있다.

첫째, 과학적으로 많은 중요한 이론과 중대한 발명들은 처음에 유비추리를 거쳐 제출된 것들이다. 예를 들면, 비행기를 시험제작하려는 생각은 처음에 연을 띄우는 것에서 암시를 받았다. 공기보다 무거운 연이 바람에 의하여 높이 날아오를 수 있다는 것을 보고 연을 모방하여 비행기의 날개를 만들었다. 그 후 반복적인 실험을 거쳐 비행기의 제작에 성공했다. 과학사에서 적지 않은 중요한 과학적인 가설들은 모두 유비추리를 적용하여 제기된 것이다.

둘째, 유비추리는 또한 논증의 수단이기도 하다. 사람들은 어떤 사실 혹은 원리를 해석할 때, 흔히 상대방이 이미 알고 있는 그와 비슷한 사실 혹은 원리를 제기하고 설명함으로써 상대방이 쉽게 이해하게 한다.

유비추리는 사람들이 늘 적용하고 있는 추리방법의 하나다. 유비추리를 널리 그리고 타당하게 적용할 수 있는가 없는가 하는 것은 사람의 사유능력에 따라 다르다. 능숙하게 사고할 줄 아는 사람은 한 가지 공식이나 정리를 기계적으로 암기하는 것이 아니라 서로 비교하여 유비하면서 더 많은 공식 또는 정리를 파악한다.

유비추리를 적용하는 것은 문제를 독립적으로 분석하고 해결하는 효과적인 방법의 하나다.

11. 가설이란 무엇인가?

가설이란 이미 알고 있는 사실이나 이미 존재하는 과학 지식에 근거하여, 아직 모르고 있는 사태 또는 현상에 가정적(추측하여) 해석을 하는 것이다.

가설은 일종의 추측이기는 하지만 과학연구와 지식의 발전에서 아주 중요한 의의를 가지고 있다. 가설은 과학적 인식의 중요한 형식이자 단계다. 왜냐하면 미지의 사물이나 현상에 대한 인식은 언제나 가설 단계를 거치기 마련이기 때문이다. 과학사에서 많은 중요한 과학적인 학설, 예를 들면 천문학에서 태양계의 기원에 관한 성운설, 지질학에서 지질역학에 관한 가설, 물리학에서 원자 구조에 관한 가설, 화학에서 원소 주기성 변화에 관한 가설, 생물학에서 생물의 유전과 변이에 관한 가설 등은 모두 가설로부터 시작된 것이다. 그러므로 가설은 진리를 탐구하는 데 있어서 중요한 수단의 하나로 된다.

가설은 다음과 같은 특징을 가지고 있다.

첫째, 가설은 이미 있는 사실과 과학 지식을 근거로 한다. 과학적인 가설은 일정한 과학 지식과 사실의 기초 위에 세워진 것으로서 인간 사유의 창조능력과 지혜의 고차적 표현이다.

둘째, 가설은 실증되지 않은 것이며 추측의 성격을 띠고 있다. 가설은 이미 실천에 의하여 실증된 과학적 이론과는 다르다. 왜냐하면 가설이 해석한 정황은 실제에 부합될 수도 있고 또 실제에 부합되지 않거나 실제에 완전히는 부합되지 않을 수 있기 때문이다.

셋째, 가설은 인간의 인식이 객관적 진리에 접근하는 방식이다. 과학적 이론의 확립 과정은 모두 우선 가설의 단계를 거치게 된다.

객관 사물을 인식할 때 사람들은 언제나 먼저 가설을 제출하고 그런 연후에 실천과정에서 가설을 부단히 수정하고 보충하고 발전시켜 나중에는 과학적 이론을 형성한다. 그러므로 가설은 진리로 나아가는 교량이라고 할 수 있다.

12. 가설에는 어떤 단계들이 있는가?

가설에는 자체의 발전과정, 즉 가설을 제기하는 단계, 가설로부터 어떤 결론을 도출하는 단계, 결론을 검증하는 단계가 있다.

첫째, 가설의 제기

가설은 비록 사물이나 현상에 대한 추측이기는 하지만 아무런 근거도 없이 허무맹랑하게 설정해서는 안 된다. 가설은 반드시 과학적 지식과 사실에 기초하여 제기되어야 한다. 그러나 또 가설은 제기할 때 그 어떤 틀에 얽매이지 말고 대담하게 제기해야 한다. 오직 충분한 사실적 근거만 있다면 현존하는 이론을 부정하는 새로운 가설도 제기할 수 있는 것이다.

가설을 제기할 때 흔히 통계적 귀납추리와 유비추리를 적용하는데, 그중에서 특히 유비추리를 많이 적용한다. 즉 유비추리를 진행하여 결론을 얻은 다음 그것을 가설로 제기한다.

둘째, 가설에 의한 결론의 도출

제기된 가설은 반드시 검증을 받아야 한다. 가설을 검증하려면 가설을 전제로 하여 추리해 봐야 한다.

가설로부터 새로운 결론을 도출하는 과정에서는 연역추리의 형식을 사용한다. 즉, 만일 가설이 옳다면(A), 어떤 결과가 나타날 것이다(B). 만일 이런 결과가 나타났다면 그 가설은 확실성이 높아졌다는 것을 의미한다(만일 이런 결과가 나타나지 않았다면 그 가설은 거짓임이 증명된다).

가설을 증명하는 추리형식은 다음과 같다.

· 만일 A라면 B로 된다.
· B다(혹은 B가 아니다).

· 그러므로, A는 참일 수도 있다(혹은 A는 거짓이다).

셋째, 가설의 검증

과학적 실험을 거쳐 검증되고 실제에 부합되는 가설은 과학적 이론으로 된다. 그런데 이런 과학적 이론은 단번에 완성되는 것이 아니다.

가설의 검증은 흔히 개별적인 단기간의 실천활동에서 완성되는 것이 아니라 인류사회의 장기간의 실천활동을 거쳐 완성된다. 어떤 가설은 검증을 거쳐 기본적으로 정확하다고 실증되었지만 아직도 결함이 있거나 정확하지 않은 점이 있게 되어 계속 수정 또는 보충하게 된다.

연습문제

1. 다음의 글을 읽고 두 제자가 사용한 추리 방법을 밝혀라.

　옛날에 한 서당의 훈장은 큰 제자와 작은 제자의 지혜를 시험해 보고 싶었다. 어떤 식으로 할까를 곰곰이 생각하던 훈장은 땅콩이 가득 든 주머니 두 개를 내놓으면서 두 제자에게 말했다.
　"내가 오늘 너희들의 지혜를 시험해 보겠느니라. 그러니 이 땅콩 주머니를 하나씩 가지고 돌아가 땅콩마다 모두 속껍질이 있는가 없는가를 알아 오도록 하거라!"
　그러자 큰 제자는 땅콩 주머니를 둘러메고 바삐 집으로 돌아온 후, 밥먹는 것조차 잊고 밤새 하나하나 껍질을 벗겨 보았다.
　하지만 작은 제자는 집에 돌아온 후, 땅콩 주머니를 앞에 놓고 방안에 앉아서 곰곰이 생각해 본 끝에 잘 여문 것과 덜 여문 것, 한 알 박이와 두 알 박이, 세 알 박이 등 여러 가지를 몇 개씩 골라내어 겉껍질을 벗겨 보았다. 그 결과 어느 것이나 할 것 없이 모두 속껍질이 있었다.
　그리하여 작은 제자는 곧장 훈장 선생님한테 달려가 "선생님, 땅콩마다 모두 속껍질이 있습니다"하고 알렸다.
　큰 제자는 새벽까지 주머니의 땅콩을 하나하나 다 벗겨 보고서야 모든 땅콩에 속껍질이 있다는 사실을 알았다. 그리고는 재빨리 훈장 선생님한테 달려가 말씀을 올렸다.
　"선생님, 땅콩마다 전부 속껍질이 있습니다."

그러자 훈장은 작은 제자를 향해 나이는 어려도 아주 총명하다고 칭찬을 아끼지 않았다.

2. 아래 글을 읽고 아르키메데스의 정리는 어떤 추리를 통해 얻어진 것인지를 밝혀라.

한번은 희랍의 국왕이 보석가공사를 불러다 놓고 순금 한덩이를 주면서 왕관을 만들라고 명령했다. 보석가공사는 며칠 후에 왕관을 만들어 가지고 왔다. 국왕은 왕관을 저울에 달아 보았는데 원래 준 순금덩이의 무게와 똑같았다.

그러나 국왕은 의구심을 떨쳐 버리지 못했다. 장사꾼은 제 애비도 속인다는데, 이 보석가공사가 왕관을 만들 때 구리나 은을 섞고 금을 일부 떼먹지 않았겠는가 의심했다.

그래서 국왕은 아르키메데스를 시켜 왕관이 순금으로 만들어졌는지 아닌지를 검사해 내라고 명령했다. 그런데 왕관을 손상시켜서는 안 된다는 것이었다.

왕관이 순금인지 아닌지를 알아내려면 왕관의 체적을 구해 내기만 하면 될 것이다. 왜냐하면 금의 비중이 크기 때문에 왕관이 순금으로 된 것이 아니라면 왕관의 체적이 같은 무게의 순금보다 더 클 것이기 때문이다.

그러나 왕관은 아주 복잡하게 생겼고, 게다가 무늬까지 새긴 것이어서 기하학적 방법으로는 그 체적을 구해 내기가 어려웠던 것이다.

왕관을 앞에 놓고 며칠 동안 궁리해 보았지만 아무런 방법도 찾아내지 못한 아르키메데스는 맥이 풀리기 시작했다. 그래서 피로도 풀 겸 목욕탕에 갔다.

욕조에 물을 가득 부어 놓고 들어가 앉으니 물이 밖으로 넘쳐 흘렀다. 그는 잠시 무엇인가 사색에 잠기더니 몸을 점차 물속에 깊이 담갔다. 이때 그는 물속에서 받는 몸의 부력이 더 커진다는 것을 느꼈다. 그러자 아르키메데스는 "옳지! 그렇지!"하고 외치면서 물속에서 뛰어나와 옷도 제대로 입지 않은 채 방안으로 들어 왔다.

 그는 그릇에 물을 채워 놓고 왕관을 그 물속에 담갔다. 그리고 그릇에서 흘러나온 물을 몽땅 받아서 그 체적을 구해 냈다. 그 다음 그는 왕관의 무게와 똑같은 순금덩이를 물속에 담가 흘러 나온 물의 체적을 구해 냈다. 그 결과 왕관을 넣어 흘러나온 물의 체적이 순금덩이를 넣어 흘러나온 물의 체적보다 훨씬 컸다. 이것은 왕관의 체적이 순금덩이의 체적보다 더 크다는 것을 설명하는 것이다. 그러므로 보석가공사가 왕관을 만들 때 다른 금속을 섞어 넣었다는 것이 드러나게 되었다. 그리하여 그 보석가공사는 엄벌을 받았다.

 아르키메데스는 이때부터 액체 속에 잠긴 물체가 받는 부력에 대하여 깊이 연구하기 시작했다. 그는 용기 속에 물 등 여러 가지 액체를 채워 놓고 갖가지 물체를 넣어 보면서 반복적으로 실험한 결과, 액체 속에 잠긴 물체가 받는 부력은 그 물체가 밀어낸 액체의 무게와 같다는 결론을 얻어냈다. 그후 이것은 액체 내부의 압력에 의하여 발생한 필연적 결과라는 것이 판명되었다. 이리하여 그 결론은 유명한 아르키메데스의 정리로 되었다.

3. 다음의 유비추리는 왜 잘못된 것인가?

 (1) 사람의 손이 대뇌의 지배를 받는 것은 자연법칙이다. 그러

므로 독재자가 국민을 지배하는 것도 자연법칙이다.

(2) 어떤 궤변론자들은 이렇게 설교하고 있다. 그 어떤 시계나 할 것 없이 모두 정밀한 구조와 엄격한 합법칙성을 가지고 있다. 세계는 더욱 엄밀한 구조와 엄격한 합법칙성을 가지고 있다. 시계는 사람이 만들어 냈다. 세계도 꼭 그 창조자가 있는 것이다. 그 창조자가 바로 하느님이다.

4. 다음의 글을 읽고 문학소녀와 출판사 편집자는 각각 어떤 추리 형식을 적용했는지를 밝혀라.

한 문학소녀가 출판사에 원고를 투고했으나, 출판사로부터 거절 당하자 다음과 같은 편지를 보냈다.

편집자께

되돌려 보낸 저의 소설원고는 잘 받았습니다. 그런데 유감스럽게도 저의 원고를 전혀 읽어 보지도 않으셨더군요. 하지만 제가 이 소설을 쓰느라고 얼마나 많은 노력과 심혈을 기울였는지 모르실 겁니다.

저는 이전에도 단편소설 원고 몇 편을 선생님의 출판사에 보낸 적이 있지만 번번이 되돌려 받기만 했지요. 그때마다 너무 실망스럽고 속이 상했습니다. 하지만 저는 더욱 열심히 원고를 썼으며, 이번 원고는 꼭 채택되리라고 확신했었습니다. 솔직히 말해 그동안 저의 원고가 읽혀지기나 했는지 의심스럽기조차 합니다.

그래서 이번에 저는 선생님들이 저의 원고를 읽어 보시는지 아닌지를 확인해 보려고 원고의 몇 장은 풀로 붙여 놓았습니다. 그런데 아니나 다를까, 되돌아온 원고는 제가 붙여 놓은 상태 그대로더

군요.

　편집자 선생님, 당신들은 남의 소중한 원고를 항상 이런 식으로 처리하십니까? 정말 유감스럽습니다.

　담당 편집자는 그 문학소녀의 이러한 편지를 받아 보고 나서 다음과 같은 답장을 보냈다.

　보내 주신 편지는 잘 받아 보았습니다. 당신의 편지에 대해 다음과 같이 답장을 대신할까 합니다.
　저는 오늘 아침식사를 할 때 삶은 달걀 하나를 먹게 되었습니다. 그런데 마침 그것은 상한 달걀이었습니다. 이 경우에 제가 그 달걀을 다 먹고 나서야 상했다는 것을 알 수 있을까요?
　노력은 성공의 어머니입니다. 실망하지 말고 계속 노력하기 바랍니다.

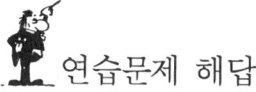연습문제 해답

1. 큰 제자가 쓴 추리방법은 완전귀납추리이고, 작은 제자가 쓴 추리방법은 통계적 귀납추리다.

2. 아르키메데스의 정리는 인과적 귀납추리에 의하여 얻어진 것이다.

3. (1) 이 유비추리는 아무런 관계도 없는 다른 부류의 사물을 서로 비교했기 때문에 잘못이다. 이 추리는 기계적 유비의

오류를 범한 것이다.

(2) 이 유비추리는 잘못되었다. 시계와 세계라는 두 대상의 구조, 법칙 사이에는 동일한 속성이 없기 때문이다. 그러므로 이 추리도 기계적 유비의 오류를 범한 것이다.

4. 문학소녀는 먼저 차이법을 이용하여 자기의 원고의 몇 페이지를 한데 붙여 놓았으며, 그후에는 삼단논법 추리로써 편집자가 자기의 원고를 전혀 보지 않았다는 결론을 얻어냈다(사실 '원고를 전혀 보지 않았다'는 결론은 잘못된 것이며, '원고 전부를 보지 않았다'는 결론을 얻어내야 할 것이다).
편집자는 바로 유비추리를 적용했다. 그가 표현하려는 뜻은 '원고 전부를 보지 않아도 원고의 좋고 나쁨을 판별할 수 있습니다'라는 것이다.

제6장
형식논리학의 기본법칙

1. 동일률이란 무엇인가?

동일률은 사유의 확정성에 관한 법칙이다.

동일률이란 동일한 사유과정에서 사고는 반드시 확정성을 가져야 하며, 사고 자체의 동일성을 가져야 한다는 사유법칙이다. 다시 말하면 동일한 사유과정에서 개념 또는 판단은 반드시 동일성을 유지해야지 제멋대로 다른 것으로 바꿔서는 안 된다는 것이다.

동일률을 공식으로 표시하면 다음과 같다.

· 'A는 A다.'

이 공식에서의 'A'는 어떤 개념 또는 판단을 표시한다. 'A는 A다'는 동일한 사유과정 중에서 'A'가 그 자체의 동일성을 유지해야 한다는 것을 의미한다.

동일률은 사태의 상대적 고정성의 반영이기 때문에 동일률의 '동일'은 '절대적'인 동일이 아니라 '상대적'인 동일이다. 그러므로 동일률은 객관 사물의 부단한 운동, 변화 및 발전을 부인하는 것이 아니라 다만 어떤 대상을 논의할 때 동일한 시간, 동일한 조건하에서는 반드시 기타의 다른 대상과 구분해야 하며, 동일한 사유과정 중에서 동일한 개념에 동일한 내용을 부여해야 한다고 요구할 뿐이다. 그러므로 동일률과 변증법은 서로 모순되지도 않거니와 서로 배제하지도 않는다.

그러나 형이상학자들은 동일률의 동일을 절대적인 동일로 보면서 어떤 시간, 어떤 조건하에서나 할 것 없이 대상의 절대적인 동일로 인정한다. 이것은 동일률에 대한 형이상학자들의 왜곡이다.

동일률 작용은 그것이 사유의 확정성을 담보해 준다는 데 있다. 사유가 확정성을 담보해야만 객관 사물을 정확하게 반영할 수 있으며 의사를 정확하게 교류할 수 있다. 확정성은 정확한 사유에서의 필수적 조건이다. 그러므로 모든 정확한 사고는 반드시 동일률을 준수해야 한다. 동일률은 궤변을 논박하는 데 있어서 강력한 무기로 된다.

2. 동일률을 위반하는 논리적 오류에는 어떤 것들이 있는가?

동일률을 위반하는 논리적 오류에는 주로 다음과 같은 것들이 있다.

개념을 혼동하거나 개념을 슬그머니 바꿔 놓는 오류
개념을 혼동하는 오류는 일반적으로 개념을 제대로 이해하지 못하기 때문에 무의식적으로 범하게 되는 경우가 많다.
예를 들면 해방 직후에 어떤 사람들은 '민주주의'라는 개념을 똑바로 이해하지 못하여, 길거리에서 소란을 피우거나 범죄행위를 저지르고도 누가 자신을 나무라면 이렇게 말하곤 했다. "민주주의 사회에서 내맘대로 하는데 당신이 웬 참견이야……." 하지만 이것은 민주주의에는 권리와 함께 의무가 따른다는 사실을 제대로 이해하지 못하고 타인에게 피해를 주는 행위다. 사실 이것은 민주주의가 아니라 독선적 개인주의다. 이것은 바로 개념을 혼동하는 데서 생긴 잘못된 인식이다.
개념을 슬그머니 바꿔놓는 오류는 일반적으로 그 어떤 목적을 달성하기 위하여 의식적으로 범하는 경우가 많다.

　예를 들면 어떤 사람들은 '경험'이라는 개념을 슬그머니 '경험주의'로 바꿔 놓고 '경험주의'를 비판해야 한다고 주장한다. 그들의 논리에 의하면 경험은 곧 경험주의이며, 따라서 기성세대는 경험이 많기 때문에 경험주의를 비판하려면 바로 기성세대를 비판해야 한다는 것이다.

　사실 경험과 경험주의는 완전히 다른 두 가지 개념이다. 경험이란 실천활동 가운데서 사람들이 축적한 감성적 지식인 반면에, 경험주의란 국부적인 지식이나 경험만이 진리의 원천이라고 과장하고 이론의 작용을 부인하는 극단적인 견해다.

논제를 교체시키거나 논제를 슬그머니 바꿔 놓는 오류

　이 오류는 논의과정에서 의식적이거나 무의식적으로 논의의 주제를 다른 것으로 전이시키거나 바꿔 놓는 것이다. 논제를 슬그머니 바꿔 놓는 것은 궤변논자들의 상투적인 수법이다.

　예를 들면 한 젊은이가 절도죄를 범했는데 그의 어머니는 도리어 제 아들을 비호하는 것이었다. 경찰관은 그 젊은이의 어머니를 불러다 놓고 이야기를 나누었다.

　"당신의 아들이 죄를 지었는데 무슨 하실 말씀이 없습니까?" 하고 경찰관이 물었다.

　"나는 나의 명예를 회복해 주기를 바랄 뿐이요!"

　"도적질한 텔레비전을 거리에 내다 파는 것이 죄가 아닙니까?" 하고 경찰관이 또 물었다.

　그러자 젊은이의 어머니는 이렇게 대답했다.

　"사는 사람이 있기 때문에 판 것이지요!"

　이 예에서 보다시피 그 어머니의 두번째 대답은 고의적으로 논제를 슬그머니 바꿔 놓은 것이다. 경찰관이 한 물음의 논제는 '도둑질한 것을……'라는 것인데 그 어머니의 대답은 원래의 논제와는 전혀 다른 논의로써 원래의 논제를 대체했다.

동일률을 위반하면 삼단논법 추리과정에서는 사개명사의 오류, 즉 매개념 모호의 오류(혹은 '애매어의 오류')를 범하게 되며, 논증과정에서는 논점 변경의 오류를 범하게 된다.

3. 모순율이란 무엇인가?

모순율이란 어떤 사유대상에 대하여 동일한 시간과 관계하에서 두 가지 모순되는 판단을 할 수 없다고 확정하는 사유법칙이다. 다시 말하면 동일한 대상에 대하여 동일한 시간과 관계하에서 서로 모순되는 주장을 해서는 안 된다는 것이다. 만일 동일한 의미에서 그것을 긍정하고 또 그것을 부정한다면 그것들은 동시에 참이 될 수 없고, 적어도 그중 하나는 필연코 거짓이 된다는 것이다.

모순율을 공식으로 표시하면 다음과 같다.

· 'A는 비A가 아니다.'

이 공식에서 'A'는 하나의 개념 혹은 판단을 표시하며 '비A'는 'A'에 대한 부정을 표시한다. 'A는 비A가 아니다'라는 것은 'A'라는 개념 혹은 판단은 '비A'라는 개념 혹은 판단이 아니라는 것을 말한다.

모순율은 사유 속에 논리적 모순이 존재하는 것을 허락하지 않는다.

그러나 그렇다고 하여 객관 사물의 현실적 모순을 부인하는 것은 아니다. 모순율은 다만 서로 모순되는 두 가지 판단이 존재하는 것을 허락하지 않으며, 만일 서로 모순되는 두 가지 판단이 있다면 그것들은 동시에 다 참일 수 없다고 지적할 뿐이다.

모순율을 운용함에 있어서 다음과 같은 경우에 유의해야 한다.

첫째, 다른 시간에 동일한 대상에 대한 두 가지 다른 판단이 논리적 모순으로 되는가 안 되는가 하는 것은 구체적으로 분석해 보아야 한다.

예를 들면 '그는 대학생이다'와 '그는 대학생이 아니다'라는 두 판단은 시점의 차이에 따라 모두 옳은 것일 수 있다.

둘째, 동일한 대상에 대해 다른 측면으로부터 내린 다른 판단들은 논리적 모순을 이루지 않는다.

예를 들면 '그는 이미 죽었다'와 '그는 아직 살아 있다'라는 두 판단은 다른 측면으로부터 동일한 대상에 대해 내린 다른 판단으로서 모순되지 않는다.

4. 모순율을 위반하는 논리적 오류에는 어떤 것들이 있는가?

모순율을 위반하는 논리적 오류에는 주로 다음과 같은 것들이 있다.

개념 자체 모순의 오류

자체 모순으로 되어 있는 개념을 주어로 한 판단은 필연적으로 동시에 참이 될 수 없는 두 가지 판단을 형성한다.

예를 들면 에디슨의 실험실에 방금 들어온 젊은이는 에디슨에게 이렇게 말했다.

"저는 만능용해제를 발명하려는 큰 포부를 지니고 있습니다. 그 용해제는 그 어떤 물질이나 다 용해시킬 수 있는 대단한 것이지요."

에디슨은 그 말을 듣자 젊은이에게 반문했다.

"그렇다면 그 용해제를 어떤 용기에 담아 두겠소?"

젊은이는 눈만 껌뻑거릴 뿐 아무 대답도 하지 못했다.

이 젊은이가 발명하려는 '만능용해제'는 자체 모순의 개념이다. 왜냐하면 이 개념으로부터 필연적으로 동시에 참이 될 수 없는 다음과 같은 판단이 도출되기 때문이다.

· 만능용해제는 모든 물질을 다 용해시킬 수 있다.
· 만능용해제는 모든 물질을 다 용해시킬 수 없다(왜냐하면 적어도 한 가지 물질은 그것에 용해되지 않는 것이어야 그 용해제를 담을 수 있기 때문이다).

이 두 판단을 동시에 긍정하면 필연적으로 자체 모순에 빠지게 된다. 이것은 모순율을 위반한 것이다.

판단 자체 모순의 오류

자체 모순을 내포하고 있는 판단은 필연적으로 논리적 모순을 초래한다.

예를 들면 한 노인은 아이들에게 용궁에 대한 이야기를 마치면서 이렇게 말했다.

"용궁에는 지금까지 들어간 사람이 없었고 들어간 사람은 아무도 나오지 못했단다."
　이 말을 듣자 한 아이가 반문했다.
　"할아버지, 나오지 못한 사람은 들어간 사람이 아니에요?!"
　말문이 막힌 노인은 멍하니 하늘만 쳐다보고 있었다.
　이 판단에서 처음에는 들어간 사람이 없었다고 단정하고 뒤에서는 들어간 사람이 나오지 못했다(즉 들어간 사람이 있다고 단정했다)고 단정했으므로, 이 판단은 모순율을 위반한 것이다.

동일한 대상에 대해 동시에 참일 수 없는 두 가지 판단을 내리는 오류
　이것은 제 손으로 제 뺨을 때리는 것과 같은 오류다.
　예를 들면 옛날에 창과 방패를 파는 사나이가 "나의 이 방패는 아무리 날카로운 창으로 찔러도 끄떡 안 하지요" "나의 이 창은 아무리 단단한 방패도 뚫고 나가지요"라고 자랑했다.
　이 말을 듣고 있던 한 젊은이가 "그렇다면 당신의 창으로 당신의 방패를 찌르면 어떻게 되나요?!" 하고 묻자 그 사나이는 부랴부랴 그 자리를 피하고 말았다.
　그 사나이는 동일한 대상에 대하여 동시에 참일 수 없는 두 가지 판단을 내렸던 것이다.
　"나의 이 방패는 그 어떤 창도 뚫을 수 없다"는 것은 "나의 이 창은 나의 이 방패를 뚫을 수 없다"는 것을 의미하며, 또 "나의 이 창은 그 어떤 방패도 뚫을 수 있다"는 것은 "나의 이 창은 나의 이 방패를 뚫을 수 있다"는 것을 의미한다.
　이와 같이 동일한 대상 '나의 이 창'에 대하여 처음에는 '나의 이 창은 나의 방패를 뚫을 수 없다'고 단정하고, 다음에는 '나의 이 창은 나의 방패를 뚫을 수 있다'고 단정했으므로 모순율을 위반한 것이다.

5. 배중률이란 무엇이며, 배중률을 위반하는 오류는 무엇인가?

배중률이란 사유과정에서 동일한 대상은 동일한 시간 내에서와 동일한 관계하에서 어떤 성격을 띠고 있거나 띠고 있지 않은 경우가 있을 뿐, 결코 제3의 성격을 띨 수 없다고 확정하는 사유법칙이다. 다시 말하면 상호 모순되는 두 가지 판단 가운데 오직 하나만이 정확할 수 있고 다른 하나는 오류이며 제3의 판단은 있을 수 없다는 것이다.

배중률을 공식으로 표시하면 다음과 같다.

· '혹은 A거나 혹은 비A다.'

이 공식에서 'A'는 하나의 개념 혹은 판단을 표시하며 '비A'는 'A'에 대한 부정을 표시한다. '혹은 A거나 혹은 비A다'라는 것은 'A'라는 긍정판단과 '비A'라는 부정판단이 모두 거짓일 수 없으며, 그중의 하나는 꼭 참이라는 것을 말한다.

배중률은 우리에게 동일한 대상에 대하여 동일한 시간과 동일한 관계하에서 내린 긍정판단 및 부정판단 가운데 어느 하나가 정확할 뿐 제3판단의 존재가 허용되어서는 안 된다고 알려 준다. 그러므로 배중률에 의하면 어떤 한 대상이 a라는 성격을 가지고 있다는 것이 정확하다면, 그 대상이 a라는 성격을 가지고 있지 않다는 것은 잘못이다.

이와 반대로 그 대상이 a라는 성격을 가지고 있지 않다는 것이 정확하다면 그 대상이 a라는 성격을 가지고 있다는 것은 잘못이다. 그리고 서로 모순되는 이 두 가지 판단 가운데 오직 하나만이 정확할 뿐 다른 하나는 잘못이며, 제3의 판단은 있을 수 없다.

배중률을 위반하는 오류는 흔히 문제에 대하여 확정적인 대답을 하지 않는 것으로 표현된다.

배중률을 위반하는 것은 기회주의자들이 늘 범하는 논리적 오류다. 논쟁의 주제를 회피하고 제기된 문제를 고의적으로 은폐하며 문제에 확정적인 대답을 하지 않는 것은 기회주의자들과 궤변론자들의 상투적 수법의 하나다.

예를 들면 세계는 물질인가, 아니면 비물질(즉 정신)인가 하는 세계의 시원에 관한 문제는 모든 철학자들이 반드시 해답해야 할 문제다.

경험비판론의 창시자인 마흐는 "세계는 다만 우리의 감각으로 구성된 것이다"라고 일찍이 공개적으로 선포했다. 이것은 더 말할 것 없이 관념론적 관점이다. 그런데 이 노골적인 관념론적 관점이 비판을 받게 되자 그는 이른바 '세계 요소'라는 '새로운 술어'를 조작해 가지고 이것으로써 관념론의 진면모를 덮어 감추려고 시도했다. 그는 세계는 물질이 아니며 정신도 아니며 '세계는 요소로 구성되어 있다'고 하면서 철학의 근본문제에 대한 명확한 해답을 회피했던 것이다.

이것은 바로 배중률을 위반한 일종의 궤변에 불과한 것이다.

6. 동일률, 모순율, 배중률간의 관계는 어떠한가?

동일률, 모순율, 배중률은 서로 연관되어 있거니와 또 서로 구별되어 있다.

그것들의 상호 연관은 주로 다음과 같은 점에서 표현된다.

첫째, 세 법칙의 객관적 기초는 동일한 것이다. 세 법칙은 각기 다른 측면으로 상대적 정지상태에 있는 객관 사물의 질적 규정성을 반영한다. 바꾸어 말하면 객관 사물의 질적 규정성은 동일률, 모순율, 배중률의 객관적 기초다.

동일률은 정면으로 객관 사물의 질적 규정성을 직접 반영하며, 모순율과 배중률은 객관 사물의 질적 규정성을 간접적으로 반영한다.

모든 객관 사물은 질적 규정성을 가지고 있기 때문에 인간의 정확한 사유는 반드시 확정적이어야 하며, 전후가 일관적이어야 하며, 명확해야 하는 것이다. 그렇지 않으면 객관 사물을 정확하게 반영할 수 없다.

둘째, 동일률, 모순율, 배중률의 객관적 기초가 동일하기 때문에 이것들은 내용적으로 서로 연관되어 있다. 세 법칙은 다른 측면으로 사유의 확정성을 표현한다.

동일률은 동일한 사유과정에서 판단이 자체의 동일성을 가져야 한다고 제시한다. 동일률은 판단의 동일성을 정면으로 직접 표현하며, 따라서 세 법칙 가운데 주도적 역할을 한다.

모순율은 동일한 사유과정에서 한 판단에 대하여 긍정하고 또 부정한다면, 그것들은 동시에 참이 될 수 없고 적어도 하나는 거짓이라고 제시한다. 이와 같이 모순율은 부정적 형식으로 동일률의 내용을 긍정했으며, 판단의 동일성을 간접적으로 표현했다.

배중률은 동일한 사유과정에서 서로 모순되는 두 판단은 동시에 다 거짓으로 될 수 없고 그중의 하나는 꼭 참이 된다고 제시한다. 이와 같이 배중률은 모순율의 내용을 한층 더 발전시켰다.

셋째, 사람들의 정확한 사유를 보장한다는 면에서 보면 이 세 법칙은 서로 제약하며 서로 보완한다. 다시 말하면 정확한 사유라면 반드시 이 세 법칙의 요구를 동시에 준수해야지 그중의 어느 한 법칙이라도 위반하면 필연적으로 논리적 오류를 범하게 된다는 것이다.

동일률, 모순율, 배중률은 각기 다른 측면으로부터 객관 사물의 질적 규정성을 반영하며, 다른 측면으로부터 사유의 확정성을 표현하므로 이 세 법칙은 서로 구별되는 것이다.

그중에서 동일률과 모순율, 배중률 사이의 차이는 보다 뚜렷하므로 모순율과 배중률 사이의 주요한 차이만을 제기하면 다음과 같다.

첫째, 모순율과 배중률은 각기 적용 범위가 다르다. 모순율은 서로 모순되는 판단에 적용되거니와 서로 반대되는 판단에도 적용된다. 배중률은 서로 모순되는 판단에만 적용될 뿐 서로 반대되는 판단에는 작용하지 못한다.

둘째, 모순율과 배중률의 구체적 내용과 요구가 다르다.

모순율은 서로 반대되는 판단이나 서로 모순되는 판단을 동시에 다 참이라고 단정하지 말아야 한다고 요구하며, 배중률은 서로 모순되는 판단에서 그중 하나를 참이라고 긍정해야 하며, 동시에 다 거짓이라고 단정하지 말아야 한다고 요구한다. 이런 면에서 보면 배중률은 모순율보다 그 요구가 더 구체적이고 깊다고 말할 수 있다.

셋째, 모순율을 위반하는 논리적 오류와 배중률을 위반하는 논리적 오류가 다르다. 모순율을 위반하는 논리적 오류는 사유의 자체 모순으로 표현되고, 배중률을 위반하는 논리적 오류는 사유가 두리뭉실하며 확정적인 대답을 하지 않는 것으로 표현된다.

7. 충족이유율이란 무엇인가?

충족이유율이란 논증과정에 어떤 판단이 참이라고 확정되려면 충족한 이유가 있어야 한다는 사유법칙이다. 다시 말하면 어떤 판단이 참이 되려면 반드시 이미 참이라고 실증된 다른 판단을 근거로 삼아야 한다는 것이다.

충족이유율을 공식으로 표시하면 다음과 같다.

· 'A가 참인 까닭은 B가 참이기 때문이다.'

이 공식에서 'A'는 하나의 판단을 표시하며 'B'는 'A'가 참임을 확정함에 있어서 충족한 이유로 되는 판단을 표시한다.

충족이유율은 사유할 때 반드시 충족한 근거를 가질 것을 요구한다. 충족한 이유에 의거해야만 정확한 판단을 내릴 수 있으며 정확한 판단을 이유로 삼아야만 정확하게 논증할 수 있다.

충족이유율은 객관 세계의 인과적 연관의 반영이다. 객관 세계의 사물 및 현상의 연관 중에서 가장 본질적이고 필연적인 연관은 인과적 연관이다. 충족이유율은 바로 객관 세계의 이런 인과적 연관의 반영이다.

충족이유율은 정확한 논증의 논리적 기초로서 주로 논증에 관한 논리적 법칙이다.

8. 충족이유율을 위반하는 오류에는 어떤 것들이 있는가?

충족이유율을 위반하는 오류로는 주로 다음과 같은 것들이 있다.

첫째, 근거가 참되지 못한 오류

이유로 되는 판단은 반드시 그 진리값(참 혹은 거짓)이 실증된 판단이어야 한다. 참되지 못한 판단이나 아직 진리값이 실증되지 않은 판단은 다른 판단의 진리값의 이유로 삼을 수 없는 것이다.

예를 들면, 운명론을 믿는 사람들은 가끔 이런 말들을 한다. "아무리 노력해도 나는 성공할 수 없어. 왜냐하면 인간의 운명이란 타고나는 것이니까……." 여기에서 근거(이유)로 삼고 있는 판단인 '인간의 운명이란 타고나는 것이다'는 옳지 않은 판단이므로 '나는 성공할 수 없다'는 판단의 이유가 될 수 없다.

둘째, 근거와 판단간에 필연적 연관이 없는 오류

이유와 도출되는 판단 사이에는 논리적인 필연적 연관이 있어야 한다. 비록 근거(이유)가 참된 것이라 해도 도출되는 판단과 필연적 연관이 없으면 여전히 충족이유율을 위반하게 된다.

예를 들면, '오늘 저녁에 비가 온다. 왜냐하면 어제 저녁에 비가 왔기 때문이다'라는 판단은 잘못된 것이다. '어제 저녁에 비가 왔다'는 판단은 참된 것이지만 이것을 근거로 하여 '오늘 저녁에 비가 온다'는 판단을 내릴 수는 없다. 왜냐하면 이 두 사건 간에는 필연적 연관이 없기 때문이다. 어제 저녁에 비가 왔지만 오늘 저녁에는 비가 올 수도 있고 오지 않을 수도 있는 것이다.

셋째, 근거가 충족하지 못한 오류

근거가 옳은 것이고 또 도출되는 판단과 일정한 연관은 있지만 충족한 이유로 되지 않으면 역시 충족이유율을 위반하게 된다.

예를 들면, '그의 성적은 꼭 좋아질 것이다. 왜냐하면 그의 선생님이 잘 가르치기 때문이다'라는 판단은 충족하지 못한 것이다. 왜냐하면 학생의 성적이 좋아지려면 학생 자신의 노력과 선생님이 잘 가르치는 두 가지 기본조건이 구비되어야 한다. 그중에서도 학생 자신의 노력은 내적 요인으로서 더욱 중요한 조건이다. 그러므로 이 판단은 충족이유율에 부합되지 않는다.

연습문제

1. 고대 희랍의 궤변학파들은 다음과 같은 논리적 판단을 내렸었다. 이 주장의 논리적 오류는 어디에 있는가?

   · 무릇 당신이 상실하지 않은 것은 당신에게 있는 것이다.
   · 당신을 뿔을 상실하지 않았다.
   · 그러므로, 당신에게는 뿔이 있다.

2. 다음 글은 러시아의 작가 체홉의 단편소설「카멜레온」에 나오는 이야기다. 경찰서장 오츄멜로프의 논리적 오류를 지적하라.

   개가 흐류킨의 손가락을 물었다. 그런데 경찰서장 오츄멜로프가 이 사건을 담당하게 되었다.
   오츄멜로프는 처음에 엄중하게 말했다.
   "이게 누구의 개요? 나는 이 개를 그냥 두지는 않을 것이요! 개를 놓아 기른다는 게 어떤 건지 여러분에게 보여주겠소! 법률을 준수하려고 하지 않는 그러한 신사들에게 주의를 주어야 합니다! 그런 자들에게 벌금을 물려야지, 더러운 녀석들. 그자들은 개나 그밖에 떠돌아다니는 짐승을 기르는 게 어떤 것인지를 나한테서 알게 되겠지! 그런 자에게 꼭 보여줄테니까……."
   서장은 형사 옐드린에게 말했다.
   "이게 누구의 개인지 알아 보고 조서를 꾸미게! 그리고 개는 죽여 버려야 해. 곧! 틀림없이 미친개일테니까."
 이때 모여 있던 군중 가운데 누군가가 말하길, 저 개가 쥐갈로프 장군의 개 같다고 했다.
 그러자 서장은 흐류킨에게 다음과 같이 훈계했다.
 "어떻게 이 개가 손가락에 가 닿을 수 있겠나? 이 개는 이렇게 작고, 자네는 이렇게 듬직한 사나이가 아닌가! 자네는 필경 못에 손가락을 찔러 놓구서 이 개를 빼앗아 보려고 수작을 부리는 게 분명해. 자네는 정말이지…… 그런 짓에는 정평이 있는 사람이니까! 나는 너희들, 마귀들을 알고 있어!"
 이 말이 끝나자 형사 옐드린이 그 개는 장군의 것이 아니라고 말했다. 그러자 서장은 다시 언성을 높였다.
 "나두 알고 있어. 장군 댁에는 값비싼 순종뿐일세. 그런데 이건 어디서 빌어먹던 개야! 털로 보나 생김새로 보나 더러운 개가 틀림없어……. 이런 개를 기를 사람이 어디 있어?! 흐류킨, 자네는 고통을 받았으니 이 일을 그냥 놔두지 말게…… 톡톡히 가르쳐 줘야 해! 알겠지?"
 잠시 후 또 누군가가 그건 장군의 개가 맞다고 했다. 그러자 서장은 또 다시 형사에게 말했다.
 "자네는 개를 장군 댁에 끌고 가서 물어 보게…… 내가 찾아서 보내더라구 하게……. 그리고 다시는 거리로 내보내지 말라고 해……. 이 개도 어쩌면 값비싼 것일지도 모르겠네. 그래 더러운 것들이 이 개의 코에다 담뱃불을 들여댄다면 개 한 마리쯤 버리기야 쉬운 일이지. 개란 온순한 짐승인데……. 그런데 이 장승 같은 놈아, 팔을 내려! 네 그 불갈구리 같은 손가락을 내보이구 있을 것 없어! 그게 뉘 탓인데……."
 이때 장군 댁 조리사가 왔다. 그가 이 개는 장군의 개가 아니라고 하자 서장은 금방 뒤이어 말했다.

"이건 주인없는 강아지야! 길게 떠벌일 거 없어……. 주인없는 개라면 들개가 틀림없지…… 때려 죽이면 그만이야."

장군 댁 조리사는 이 개는 장군의 동생네 개라고 했다. 그러자 서장은 "그래 장군의 아우님이 오셨다구!"하고는 만면에 상냥한 웃음을 띠면서 말했다.

"이게 그분의 강아지로군, 참 반가워……끌고 가게나……. 그 강아지 참 이쁜걸…… 꾀가 많겠어. 이 사람의 손가락을 덥석 물었지! 하하하…… 떨기는 왜? 덜덜덜…… 덜덜…… 화가 났구만…… 참 강아지두……."

서장은 흐류킨을 보고 "너 나중에 두고 보자!"하고 위협한 다음 제 갈 길을 갔다.

3. 모순율에 근거하여 다음의 문제들에 답하라.

(1) 아래 글에서 양반은 왜 더 이상 말을 못하게 되었는가?

욕심 많기로 소문난 양반 주인이 밤중에 사랑채에 나가 머슴들에게 호통을 쳤다.

"날이 밝았는데 어서들 일어나 일하러 나가거라!"

그런데 머슴들이 일어나는 소리가 들리지 않았다. 그래서 그 양반은 "지금 밭으로 나가지 않으면 오늘 품삯을 깎겠으니 그런 줄 알게!"하고 큰소리를 쳤다.

그러자 사랑채 안에서 머슴 하나가 이렇게 대답하는 것이었다.

"저 주인어른, 이를 잡은 다음 즉시 밭으로 나가겠수다!"

"이를 잡다니, 날이 밝지 않았는데 이가 어떻게 보인단 말이냐!"

그러자 머슴이 이렇게 되받았다.
"날이 밝지 않았는데 어떻게 일하러 나간단 말이요?"
주인은 꿀먹은 벙어리처럼 입만 우물우물할 뿐이었다.

(2) 아래 글에서 외톨이의 논리적 오류는 무엇인가?

옛날 한 고을에 사람 됨됨이가 어찌나 고약했던지 마흔이 넘도록 시집오려는 여자가 없어 홀로 지내는 외톨이가 있었다. 곱건 밉건간에 시집오려는 여자만 있으면 장가를 들려고 이 궁리 저 궁리 했지만 누구 하나 응하는 사람이 없었다.

하지만 오만한 그는 언제나 만나는 사람에게 "여자의 말은 들을 바가 못 되네!"하고 타이르듯 중얼거리는 것이었다.

못된 이 외톨이를 한번 혼내 주려고 작심한 마을의 한 젊은이는 어느 날 그를 찾아가서 물었다.

"저, 한 가지 물어 볼 것이 있어 왔는데…… 여자의 말을 들어야 하오, 듣지 말아야 하오?"

외톨이는 어처구니없는 물음이라는 듯이 정색하면서 대답하는 것이었다.

"아 이 사람아, 여자란 원래 사람축에 못 드는 존재야! 그런즉 여자의 말은 절대 들을 바가 못 되네!"

"잘 알았수다……. 헌데 물어 보려고 했던 것은 다름이 아니라 앞마을의 과부 한 사람이 당신한테 청혼해 달라구 부탁을 해 와서……."

젊은이는 이 말을 남기고 문밖으로 향했다.

외톨이는 순식간에 얼굴이 화끈 달아올랐다. 마흔이 넘도록 청혼을 받아 보기는 이번이 처음이었다. 그는 맨발바람으로 문밖에 달려가 젊은이를 막아 세우며 말했다.

"이 사람, 젊은이······. 그런데······ 여자의 말도 때로는 들어야 하네!"

4. 배중률에 근거하여 아래의 물음에 답하라.

 (1) 다음 이야기에서 아들의 논리적 오류는 어디에 있는가?
 피땀흘려 번 돈을 다 대주면서 아들을 외국에 유학까지 시켰지만 아들놈은 바람만 피우다가 졸업장을 타지 못하고 돌아왔다. 그 후 다시 서울에 보내 공부를 시켰는데 마침내 학업을 마치고 오늘 아침에 아들이 돌아온 것이다.
 아버지는 아들에게 물었다.
 "이번에는 졸업장을 탔겠지?"
 아들이 대답했다.
 "누가 졸업장을 못 탔다고 하던가요?"
 아버지는 기뻐서 말했다.
 "그럼, 졸업장을 탔단 말이지?"
 아들이 대답했다.
 "제가 졸업장을 탔다고 말했나요?"

 (2) 다음 이야기에서 현명한 대신은 어떤 논리적 방법으로 간악한 대신의 흉계를 모면했는지를 설명하라.
 옛날에 한 임금이 있었는데, 그의 신하 중에는 권세욕에 가득찬 간악한 대신과 매사에 공정하고 현명한 대신이 있었다.
 그런데 현명한 대신을 눈엣가시처럼 미워하던 간악한 대신은 현명한 대신이 임금을 해치려 한다고 임금에게 거짓으로 일러바쳤다. 포악한 임금은 그의 말을 곧이듣고 즉시 무슨 방법을 강구하여 그를 처단하라고 엄명했다.

"방법이야 있사옵니다. 단지 속에 '생(生)' 자와 '사(死)' 자를 각기 써 놓은 쪽지 두 개를 넣고 내일 아침에 폐하 앞에서 제비를 뽑게 한 다음, '생' 자를 뽑으면 살려주고 '사' 자를 뽑으면 죽이기로 하심이 어떠하온지요?"

그러자 임금은 무릎을 치며 말했다.

"거참 묘한 방법이군, 그런데 꼭 '사' 자를 뽑게 해야 하지 않느냐?!"

간악한 대신은 얼굴에 간사한 웃음을 띠고 임금을 안심시키려 했다.

"염려마십시오, 폐하!"

"음, 그러면 경을 믿고 있겠노라!"

간악한 대신은 임금이 수락하자 하인을 시켜 쪽지 두 개에 모두 '사' 자를 써서 단지 속에 넣게 했다. 간악한 대신의 흉계를 알아차린 하인은 이 일을 즉시 현명한 대신에게 알려 주었다.

밤새 뜬눈으로 지새다가 끝내 묘한 수를 생각해 낸 현명한 대신은 아침에 임금이 호출하자 궁궐 안에 들어섰다. 거기에는 벌써 간악한 대신은 물론 모든 대소실료들이 임금을 모시고 양쪽 옆에 줄지어 서 있었다.

이윽고 임금이 호령했다.

"듣자하니 그대가 나를 모해할 역모를 꾸미고 있다지. 그러하니 저 단지 속에 제비를 뽑되 '생' 자를 뽑으면 한번만 용서해 주고, '사' 자를 뽑으면 즉시 극형에 처하겠노라!"

그러자 현명한 대신은 주위를 한번 살펴본 다음 단지 속에 손을 넣어 쪽지 한 개를 꺼낸 다음 펴 보지도 않고 곧바로 입에 넣어 삼켜 버렸다.

눈이 휘둥그래진 임금은 "왜 쪽지를 펴 보이지 않고 삼켜 버렸는가?!"하고 노발대발했다.

그러자 현명한 대신은 태연스럽게 대답했다.

"단지 속의 남은 쪽지를 꺼내 보시면 소인이 삼킨 것이 '생'자인지 '사'자인지 알 수 있지 않사옵니까?"

"으흠, 그야 그렇군!"

임금은 단지를 가져오도록 하여 남은 쪽지를 꺼내서 펴 보았다. 붉으락 푸르락하던 임금의 얼굴은 순식간에 새파랗게 질렸다. 방금 꺼낸 쪽지가 '사' 자이니 삼켜 버린 쪽지는 틀림없이 '생'자일 것이기 때문이었다.

5. 아래의 글에서 얼뜨기의 논리적 오류는 어디에 있는가?

옛날 서울의 한 정승에게 얼뜨기 아들이 하나 있었는데, 점차 나이가 들면서 계집종을 사모했다. 하루는 얼뜨기가 새벽에 일어나자마자 계집종을 불러다 놓고 물었다.

"지난밤 꿈에 나를 봤지?"

그러자 계집종은 "난 꿈에 본 일이 없어요"하고 대답하자 얼뜨기는 낯을 붉히며 따지고 들었다.

"난 꿈에 분명히 너를 봤는데 너는 왜 나를 보지 않았다고 거짓말을 하느냐?"

계속 다그쳐도 계집종이 끝까지 본 적이 없다고 우기자 얼뜨기는 제 애비한테 가서 고자질했다.

"저 계집에게 곤장을 쳐 주세요. 지난밤 꿈에 난 저 계집을 봤는데 저 계집은 꿈에 나를 보지 않았다고 우기니 이런 억지가 어디 있습니까?"

얼뜨기의 애비 역시 어리석기는 마찬가지인지라 이렇게 호령했다.

"암, 그렇구 말구! 서로 만나봤는데 어찌 한쪽에서만 볼 수 있단 말인가! 저 계집에게 곤장을 매우 쳐라!"

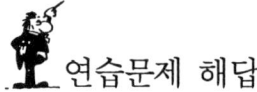연습문제 해답

1. 이 주장의 논리적 오류는 바로 '상실'이라는 개념에 다른 내용을 부여한 데 있다. 즉, 대전제에서 '상실하지 않은 것'은 우리가 본래 소유하고 있고 또 잃지도 않은 그런 것을 말한 것이고, 소전제에서 '상실하지 않은 것'은 우리에게 본래 없었고 또 있을 수도 없는 것을 말한 것이다.
그러므로 이 주장은 개념을 슬그머니 바꿔 놓은 오류를 범한 것이다.

2. 이 이야기에서 경찰서장 오츄멜로프는 동일한 사건을 판단함에 있어서 동일성을 유지하지 않고 마음대로 판단을 달리했다. 이것은 동일률을 위반한 것이다.

3. (1) 양반은 먼저 '날이 밝았다'는 판단을 내리고 다음에는 또 '날이 밝지 않았다'는 판단을 내렸다. 이 모순되는 두 판단은 동시에 다 참일 수 없는 것이다. 양반 주인은 바로 모순율을 위반했다.

    (2) 외톨이의 말은 두 가지 모순되는 판단이다. 외톨이는 늘 '여자의 말은 절대 들을 바가 못 된다'라고 하다가 장가를

가기 위하여 '여자의 말도 때로는 들어야 한다'고 했는데 모순되는 이 두 판단은 동시에 참이 될 수 없다. 외톨이는 바로 모순율을 위반한 것이다.

4. (1) 아버지의 물음에 대한 대답은 '졸업장을 탔다' '졸업장을 못 탔다'라는 두 가지가 있을 뿐이다. 이 두 가지 판단 가운데 오직 하나만이 정확할 수 있고 다른 하나는 오류이며 제3의 판단이 있을 수 없다.
그런데 아들의 대답은 '졸업장을 탔다'고 단정하지도 않았고 '졸업장을 못 탔다'고 단정하지도 않았다. 그러므로 아들의 대답은 배중률을 위반한 것이다.
(2) 임금의 명령에 따르면 두 개의 쪽지 가운데 하나는 '생' 자이고 하나는 '사' 자이니 양자는 상호 모순되는 두 가지 판단을 이룬다.
현명한 대신은 의식적이든 무의식적이든 바로 배중률을 적용했던 것이다. 임금은 남은 쪽지가 '사' 자 이니 삼켜 버린 쪽지가 '생' 자일 뿐 다른 제3의 경우가 있을 수 없다고 여길 수밖에 없는 것이다.
이리하여 현명한 대신을 음해하려던 간악한 대신의 흉계는 탄로나고 말았다.

5. 이 이야기에서 '난 꿈에 계집 종을 봤다'는 얼뜨기의 논거와 '계집종이 꿈에 나를 봤다'는 판단 사이에는 필연적 연관이 없는 것이다. 그러므로 얼뜨기의 주장은 충족이유율을 위반한 것이다.

제7장
논증과 논박

1. 논증이란 무엇이며 논증의 구조는 어떠한가?

논증이란 진리임이 이미 확증된 명제에 근거하여 어떤 명제가 진리라는 것을 증명하는 사유과정이다.

예를 들면 기하학에서 '삼각형의 내각의 합은 180도다'라는 명제의 진리성을 논증하려면, 먼저 '평행선의 예각은 같다' '평행선의 동위각은 같다' 등과 같이 이미 진리성이 확증된 명제에 근거하게 된다.

우리는 일상생활 과정에서 서로 자기들의 의사를 교환하고 논쟁과 토론을 진행하며 자기의 의사를 상대방에게 전달할 뿐 아니라 자기의 의사를 상대방에게 확신시키기 위하여 그것을 논증하게 된다.

어떤 명제의 진리성을 확증한다는 것은 바로 그 명제와 객관적 실재가 합치된다는 것을 확증하는 것이다. 이것을 검증 또는 실증이라 하는데, 이것은 논리적 증명의 기초를 제공한다.

과학은 극소수의 공리, 규정, 그리고 직접적인 직관을 통하여 얻어진 사실에 대한 명제들을 제외하고는 모두 명제의 논증에 의한 옳고 그름의 증명을 요구한다. 다시 말하면 사회과학이나 자연과학이나 할 것 없이 과학은 모두 증명된 명제의 진리성만을 인정한다. 인류가 지금까지 알고 있는 모든 과학지식들은 모두 논증에 의해 진리값(옳고 그름)이 증명된 지식들이다. 논증은 인간사유에 있어서 필수적인 과정이다.

논증은 논제, 논거, 논증방식 등 세 부분으로 구성되어 있다.

논제라는 것은 논증에 의하여 그 진리성이 밝혀져야 할 명제를 말한다. 논제는 주로 논의되는 내용의 제목 또는 논문 제목에 의하여 그 기본내용이 표시된다. 논제는 논증의 중심이며, 전반적인 논증과정은 모두 논제를 둘러싸고 전개된다. 논제는 추리에서의 결론에 해당한다.

논거라는 것은 논제의 진리성을 확증하기 위하여 쓰이는 명제들이다. 이런 명제들은 모두 진리성이 이미 확증된 것들이다. 논거는 논증 가운데 아주 중요한 것이다. 왜냐하면 증명을 하는 과정에서 논제가 성립될 수 있는가 없는가 하는 것은 주로 논거의 진리성 여부에 달려 있기 때문이다. 오직 논거가 진실한 것이고 또 그것이 논제의 충족한 이유로 되어야만 논제의 진실성이 확정되는 것이다.

논거로 이용되는 명제들로는 다음과 같은 두 가지가 있다.

첫째, 사실적 논거. 사실은 가장 설득력이 있는 논거가 된다. 사실적 논거에는 현실적 사실과 역사적 사실, 그리고 경험, 수치적 자료 등이 망라된다.

둘째, 이론적 논거. 이론적 논거에는 공인되어 증명할 필요가 없는 공리, 이미 그 진리성이 과학적으로 증명된 원리, 정리, 법칙 등이 망라된다.

논증방식이라는 것은 논거의 지지와 도움으로 논제의 진리성을 확증하는 과정과 방법을 말한다. 논제의 논거는 일정한 추리형식에 의하여 연결된다. 그러므로 논증방식은 논거로부터 논제에 이르는 추리형식이라고 할 수도 있다.

2. 논증은 추리와 어떤 관계를 가지고 있는가?

논증은 추리와 아주 밀접한 관계를 가지고 있다. 논증은 추리를 통해 실현되며 추리는 논증의 수단이다. 논제는 추리의 결론에 해당하고, 논거는 추리의 전제에 해당하며, 논증방식은 추리의 형식에 해당한다. 이로부터 알 수 있는 바와 같이 논증은 추리를 떠날 수 없다. 일정한 추리형식을 적용하지 않고서는 논증을 할 수 없다.

그러나 논증과 추리는 또 원칙적으로 구별되는 것이다. 논증과 추리의 주요한 차이점은 다음과 같다.

첫째, 논증과 추리는 목적이 다르다. 추리는 전제로부터 결론에 이르며 이미 알고 있는 것으로부터 아직 모르고 있는 것에 도달함으로써 새로운 지식을 얻어 내는 과정이다. 논증은 먼저 논제가 있고 그 다음에 논거를 인용하여 논제의 진실성을 확증한다.

둘째, 논증의 구조는 흔히 추리보다 더 복잡하다. 논증과정은 흔히 여러 가지 추리형식을 종합적으로 적용하게 된다.

셋째, 논증은 논거의 진실성을 단정함으로써 논제의 진실성을 단정한다. 그러므로 논증은 논거가 이미 확증된 진리일 것을 요구한다. 그러나 추리는 전제의 진리성을 꼭 단정하는 것은 아니다. 추리가 전제와 결론간의 논리적 연계를 단정하는 것이라면, 논증은 논거와 논제간의 논리적 연계를 단정할 뿐 아니라 전제가 반드시 진리일 것을 요구한다. 그러므로 모든 논증은 추리를 적용하지만 모든 추리가 논증인 것은 아니다.

3. 논증은 어떤 역할을 하는가?

논증은 진리를 증명하고 오류를 논박하며 진리를 선전하고 지식을 전수하는 면에서 중요한 역할을 한다.

첫째, 과학연구 과정에서 그 어떤 과학적 이론의 발견이든지 모두 논증을 거치지 않으면 안 된다. 오직 엄격한 논리적 논증을 거친 이론, 관점이라야만 과학으로 인정될 수 있다. 과학발전사에서 중요한 발견, 예를 들면 천문학에서 해왕성의 발견, 화학에서 새로운 원소의 발견, 물리학에서 전자파의 발견, 수학에서 새로운 정리의 발견 등등은 모두 우선 엄밀한 논리적 논증을 거친 후에 다시 실천 속에서 검증되고 확증된 것이다.

둘째, 실천을 거쳐 실증된 과학적 이론도 논리적 논증을 통해 그것의 논리적 필연성을 제시하여 계통적인 이론체계를 세워야 한다. 어떤 의미에서는 엄격한 논리적 논증이 없이는 그 어떤 과학체계도 성립될 수 없는 것이다.

셋째, 논증은 인식과정에서 진리를 증명하는 역할을 할 뿐만 아니라 인식과정에서 진리를 선전하는 중요한 수단으로 된다. 논증하는 논제가 과학적으로 이미 실증된 판단이라면 논증의 목적은 진리를 선전하며 지식을 전파하는 데 있다.

4. 귀납적 논증이란 무엇인가?

논증은 논증의 추리형식에 따라 귀납적 논증과 연역적 논증으로 나누어지고 논증방식에 따라 직접적 논증과 간접적 논증으로 나누어진다.

귀납적 논증이란 귀납추리의 형식을 이용하여 진행시키는 논증이다.

예를 들면 '침략전쟁을 일으킨다면 꼭 멸망한다'라는 논제를 귀납적 논증의 방식으로 논증하려면 다음과 같은 논거를 들 수 있다.

· 나치 독일은 침략전쟁을 일으키고 멸망했다.
· 파쇼 이탈리아는 침략전쟁을 일으키고 멸망했다.
· 일본 제국주의는 침략전쟁을 일으키고 멸망했다.

  이러한 논거에 근거하여 논제의 진리성을 충분히 논증할 수 있다. 이와 같이 귀납추리의 형식을 이용하여 진행시키는 논증이 바로 귀납적 논증이다.
  귀납적 논증의 특징은 논제가 일반적인 원리의 판단이고 논거가 특수한 사실의 판단이라는 것이다.
  통계적 귀납추리의 결론은 개연성을 띠고 있으므로 귀납적 논증에 통계적 귀납추리 형식을 이용할 경우에는 될수록 많은 확실한 사실들을 열거해야 논증의 힘이 강화될 수 있다. 완전귀납추리의 결론은 필연성을 띠고 있으므로 귀납적 논증에 많이 적용된다. 인과적 귀납추리의 결론은 전제에 대한 과학적 분석의 기초 위에서 얻어진 것이기 때문에 확실성이 보다 크므로 증명의 논증방식을 구성할 수 있다.

5. 연역적 논증이란 무엇인가?

  연역적 논증이란 연역추리의 형식을 이용하여 진행시키는 논증이다.
  예를 들면 '물은 탄성이 있다'라는 논제를 연역적 논증방식으로 논증한다면 다음과 같은 논거를 들 수 있다.

· 모든 액체는 다 탄성이 있다.

· 물은 액체이다.

 이 논거에 근거하여 논제의 진리성을 충분히 논증할 수 있다. 이와 같이 연역추리의 형식을 운용하여 진행시키는 논증이 바로 연역적 논증이다.
 연역적 논증의 특징은 논제가 특수한 경우의 판단이고 논거가 일반적인 원리라는 데 있다.
 연역적 논증은 논거와 논제 사이에 필연성이 있는 논증이다.
 연역적 논증을 진행시킬 때, 일반적인 원리를 특수한 경우에 정확하게 운용했는가에 유의해야 한다. 만일 일반적인 원리를 이 원리에 맞지 않는 특수한 경우에 운용했다면 그 일반적인 원리가 진리라 하더라도 논제의 진리성이 확증될 수 없으며, 따라서 논증의 목적에 이를 수 없게 된다.

6. 직접적 논증이란 무엇이고, 간접적 논증이란 무엇인가?

직접적 논증

 직접적 논증이란 논거의 진리성에 근거하여 직접 논제의 진리성을 확증하는 결론으로 이행하는 논증이다.
 예를 들면 '학생은 반드시 노인을 공경해야 한다'라는 논제를 논증하려면 다음과 같은 논거를 들 수 있다.

· 젊은이는 반드시 노인을 공경해야 한다.
· 학생은 젊은이다.

이와 같은 논거에 근거하여 논제의 진리성을 논증할 수 있다.
직접적 논증은 연역적 논증일 수도 있고 귀납적 논증일 수도 있다. 위에서 든 예는 충분조건의 조건추리의 전건긍정식을 운용한 직접적 논증이다.

간접적 논증
간접적 논증이란 논제의 진리성을 직접 논거로부터 도출하는 것이 아니라 논제와 모순되는 명제가 거짓임을 논증함으로써 논제의 진리성을 확증하는 논증이다.
간접적 논증에는 선언적 논증과 귀류적 논증 두 가지가 있다.
선언적 논증이란 논제와 배제적 선언관계에 있는 판단들이 성립될 수 없다는 것을 확증함으로써 논제의 진리성을 논증하는 것이다.
예를 들면 '△ABC에서 ∠C=∠B라면 AB=AC다'라는 정리를 증명하는 과정은 바로 선언적 논증의 방식이다.
△ABC에서 두 변 AB와 AC의 관계에는 세 가지 경우, 즉 AB〉AC 또는 AB〈AC 또는 AB=AC일 수 있을 뿐이다. 그러므로 AB〉AC와 AB〈AC가 성립될 수 없다는 것을 확증하기만 하면 AB=AC라는 것을 증명할 수 있다. 그런데 이미 알고 있는 정리에 근거하여 △ABC에서 만일 AB〉AC이면 꼭 ∠C〉∠B이고 만일 AB〈AC이면 꼭 ∠C〈∠B라는 것을 알 수 있다. 하지만 이것들은 모두 위에서 제기한 정리의 가설(∠C=∠B)과 서로 모순되는 것이다. 그러므로 위에서 제기한 정리는 진리라는 것이 확증되는 것이다.
선언적 논증과정을 보면 다음과 같다.

· 논제 : A
· 혹은 A, 혹은 B, 혹은 C
· 비B, 비C

· 그러므로, A

　선언적 논증에서 유의해야 할 것은 모든 가능한 사실들을 빠짐없이 열거해야 한다는 것이다. 그렇지 않고 가능한 사실의 일부만을 들어 그것이 성립될 수 없다는 것을 확증한다면 여전히 논제의 진리성을 논증할 수 없다.
　귀류적 논증이란 논제와 대립관계에 있는 판단이 거짓임을 확증함으로써 논제의 진리성을 논증하는 것이다.
　예를 들면 '한 직선에 수직되는 두 직선은 서로 만나지 않는다'라는 정리는 바로 귀류적 논증의 방식으로 논증된 것이다.
　즉 이 명제와 대립관계에 있는 명제, '한 직선에 수직되는 두 직선은 서로 만난다'라는 판단을 진리라고 가정한다면, 이 판단으로부터 '직선 밖의 한 점에서 그 직선에 수직되는 두 직선을 그을 수 있다'라는 결론을 도출해 낼 수 있다. 그러나 이 결론은 잘못된 것이다. 왜냐하면 이 결론은 우리가 이미 알고 있는 정리 '직선 밖의 한 점에서 그 직선에 수직되는 직선은 오직 하나만 그을 수 있다'는 것과 모순되기 때문이다. 이로부터 '한 직선에 수직되는 두 직선은 서로 만난다'라는 가정은 거짓이라는 것을 알 수 있다. 이제 우리는 배중률에 근거하여 한 직선에 수직되는 두 직선은 서로 만나거나 서로 만나지 않거나 하는 두 가지 경우 중의 어느 한 가지일 뿐 제3의 경우가 있을 수 없다는 것을 알 수 있다. '한 직선에 수직되는 두 직선은 서로 만난다'는 판단이 거짓임이 이미 확증되었으니, '한 직선에 수직되는 두 직선은 서로 만나지 않는다'는 명제는 진리가 되는 것이다. 이리하여 이 명제는 논증되었다.

귀류적 논증과정을 보면 다음과 같다.

· 논제 : A
· 대립되는 논제 : 비A
· 비A가 거짓임을 확증
  (배중률에 의하여 비A가 거짓)

· 그러므로, A는 진리

간접적 논증은 직접적 논증보다 더 복잡한 사유과정을 거치게 된다. 간접적 논증은 직접적 논증처럼 직접 논제를 연구하는 것으로부터 시작하는 것이 아니라 논제와 선언관계에 있거나 논제와 대립관계에 있는 명제를 연구하는 것으로부터 시작한다. 즉 선언적 논증에서는 논제와 선언관계에 있는 명제의 진리성 여부를 연구하는 것으로부터 시작하며, 귀류적 논증에서는 논제와 대립관계에 있는 판단을 설정한 후 그것이 참이라고 가정해 놓고, 그로부터 어떠한 결론이 도출되는가를 연구하는 것으로부터 시작한다.

7. 논증은 어떤 규칙들을 지켜야 하는가?

논증을 정확하게 하려면 반드시 논증의 규칙을 지켜야 한다. 논증의 규칙을 지키지 않으면 여러 가지 오류를 범하게 된다.
논증은 논제, 논거, 논증방식으로 구성되어 있으므로 논증의 규칙도 논제에 대한 규칙, 논거에 대한 규칙, 논증방식에 대한 규칙 등으로 나눌 수 있다.

논제에 대한 규칙

첫째, 논제가 반드시 명확하고 확정적이어야 한다.

논제가 명확하고 확정적이어야 하는 것은 논증의 선결조건이다. 논제가 명확하고 확정적이려면 논제로 되는 판단의 내용이 진리이고 판단형식이 정확하고 언어 표현이 옳아야 한다.

토론하거나 변론할 때 흔히 어떤 문제를 논증하게 되는데, 이럴 때마다 우리는 자기가 주장하려는 논제를 명확하고도 확정적으로 제시해야 한다. 그렇지 않으면 듣는 사람은 물론 논증하는 사람 자신도 자기가 무엇을 논증하려는 것인지 모르고 혼란에 빠지게 된다.

논제의 첫째 규칙을 위반한 오류를 '논제불명의 오류'라고 한다.

둘째, 논제가 반드시 논증의 전 과정에서 시종일관 동일한 것으로 유지되어야 한다.

논증과정에서 흔히 논거로 이용되는 판단을 먼저 논증하게 되는 경우가 있다. 이런 경우에 유의하지 않으면 원래 설정한 논제와는 상관없는 논의에 빠져 들어가 원래 목표했던 논증의 결과에 이르지 못하게 된다. 그러므로 한 논증과정에서는 이미 설정된 논제가 이리저리 바뀌어서는 안 된다. 이 규칙을 위반하게 되면 '논제교체의 오류', '논제를 슬그머니 바꿔 놓는 오류'를 범하게 된다. 이러한 오류는 복잡한 사유과정에서 자신도 모르게 범하는 경우도 있지만, 또 상대방을 혼란에 빠뜨려 자기의 주장을 정당화하기 위하여 의식적으로 범하는 경우도 있다.

논거에 대한 규칙

첫째, 논거는 반드시 그 자체가 진리이어야 한다.

논거는 논증의 근거이므로 반드시 이미 실천에 의하여 증명된 옳은 판단이어야 한다. 이 규칙을 위반하면 '거짓 논거의 오류'를 범하게 된다.

둘째, 논거는 반드시 논제의 충족한 이유가 되어야 한다.

논쟁할 때 우리는 흔히 이런 경우를 볼 수 있다. 즉 그가 이러저러한 논거를 제기했지만, 그것으로는 논제를 논증할 수 없다. 왜냐하면 그가 제기한 논거들은 논제를 논증할 충족한 이유가 되지 못하기 때문이다.

논증과정에서의 이런 오류를 '논거 부족의 오류'라고 한다.

셋째, 논거의 진리성이 논제에 의하여 증명된 것이어서는 안 된다.

논제의 진리성은 논거에 의하여 증명되어야 하는데 논거의 진리성이 논제에 의하여 증명되었다면 그것은 실제로는 아무것도 증명되지 않은 것이다.

이 규칙을 위반하는 것을 '순환논증의 오류'라고 한다.

논증방식에 대한 규칙

논증방식에 대한 규칙은 반드시 추리의 규칙을 준수해야 한다는 것이다.

논증과정은 이러저러한 추리형식의 사용과정이다. 그러므로 논증이 정당한 것으로 되려면 그 추리과정이 규칙에 맞게 전개되어야 한다.

논증방식에 대한 규칙을 위반하는 오류에는 다음과 같은 두 가지가 있다.

첫째, 논거를 논제에 논증방식으로 연결시켰는데 그 연결방식이 추리의 규칙을 위반한 것이다.

　예를 들어 '이 광석은 금속이다'라는 논제를 논증하기 위하여 '금속은 모두 광택이 있다. 이 광석은 광택이 있다'는 것을 논거로 삼았다고 하자. 이 논증방식은 삼단논법의 제2격이다. 삼단논법의 제2격은 반드시 한 개의 전제가 부정판단이어야 하며 결론은 반드시 부정판단이어야 한다. 그런데 위의 예에서 두 전제(즉 논거)는 다 긍정판단으로 되어 있고, 결론(즉 논제)도 긍정판단으로 되어 있다. 이와 같이 이 논증방식은 삼단논법의 규칙을 위반했으므로 논증이 정당한 것으로 될 수 없다.

　둘째, 비록 추리의 규칙에 맞게 논거로부터 판단을 얻어냈지만 얻어진 그 판단이 논증하려는 논제가 아닌 것이다.

　예를 들어 민수는 '개인적 야망을 갖는 것은 옳지 않다'라는 논제를 논증하기 위하여 다음과 같이 했다고 하자. '바람직한 자세는 인류 전체의 이익에 부합하는 것이어야 한다. 개인주의는 자신의 이익만을 추구하는 것이다. 그러므로 개인주의는 옳지 않다' 이 논증에서 쓰인 논증방식은 삼단논법의 제2격 AEE식으로서 정확한 것이다. 그러나 이 논증의 결론은 원래 논증하려는 논제가 아니다. 즉 도출된 결론이 '개인적 야망을 갖는 것은 옳지 않다'라는 것이 아니라 '개인주의는 옳지 않다'라는 것으로 되었다.

8. 논박이란 무엇이며, 논박의 방법에는 어떤 것들이 있는가?

　논박이란 상대방의 논증이 거짓이라는 것을 확증하는 사유과정이다.

상대방의 논증이 거짓임을 확증하려면 그의 논제와 모순되는 판단이 참임을 증명해야 한다. 그러므로 논박이라는 것은 상대방의 논제와 모순되는 판단을 논제로 하고 그것을 증명하는 논증과정이다. 이로부터 알 수 있는 바와 같이 논박은 논증의 특수한 형태다. 따라서 논박의 구조도 논증의 구조와 다른 점이 별로 없다.

논증은 논제, 논거, 논증방식 등 세 부분으로 구성되어 있으므로, 그에 대한 논박도 논제에 대한 논박, 논거에 대한 논박, 논증방식에 대한 논박으로 나누어진다.

논제에 대한 논박

논제에 대한 논박은 상대방이 제기한 논제가 거짓이라는 것을 증명하는 것이다. 논제에 대한 논박은 논박의 방식들 중에서 가장 중요한 방식이다. 왜냐하면 상대방의 관점은 주로 논제를 통해서 반영되기 때문이다.

논제에 대한 논박에는 직접적 논박과 간접적 논박의 두 가지가 있다.

직접적 논박이란 전형적인 사실로써 상대방의 논제가 거짓임을 증명하는 것이다. 다시 말하면 상대방의 논제와 모순되는 진실한 사물, 현상, 사건으로 상대방의 논제가 거짓임을 증명하는 것이다.

예를 들면 상대방의 논제 '포유동물은 모두 육지에 산다'라는 것을 논박할 때, 우리는 그것과 모순되는 사실, 즉 '고래는 포유동물이지만 육지에 살지 않는다'라는 사실로써 '포유동물은 모두 육지에 산다'라는 논제가 거짓임을 증명할 수 있다.

간접적 논박이란 상대방의 논제와 모순되는 논제가 진리임을 증명한 다음 모순율에 근거하여 상대방의 논제가 거짓임을 확정하는 것이다.

예를 들면 '경수는 착한 학생이다'라는 논제를 논박한다고 하자. 이 경우에 먼저 이 논제와 모순되는 논제인 '경수는 착한 학생이 아니다'라는 논제가 참임을 증명한다. 즉 착한 학생은 공부를 열심히 하는데 경수는 공부를 열심히 하지 않고, 착한 학생은 학칙을 준수하는데 경수는 지각과 결석을 일삼고 말썽을 자주 피우며, 착한 학생은 부모님께 효도하고 형제간에 우애있게 지내는데 경수는 부모님 속을 썩이며, 형제들과 싸움을 일삼는다. 이로부터 '경수는 착한 학생이 아니다'라는 것이 증명되었다. 그러므로 '경수는 착한 학생이다'라는 논제는 거짓이다.

논거에 대한 논박

논거에 대한 논박은 상대방이 자기 논제의 진리성을 논증하기 위하여 들고 나온 논거들이 거짓이라는 것을 논증하는 방식이다.

직접적 논박과 간접적 논박의 방법은 논제에 대한 논박에 적용되거니와 논거에 대한 논박에도 적용된다.

논거에 대한 논박에 있어서 유의해야 할 점은 논거를 논박해 냈다 하여 꼭 논제도 논박해 낸 것은 아니라는 것이다. 만일 상대방의 논제가 그의 논거로부터 필연적으로 도출되는 것일 때 상대방의 논거를 논박해 내면 상대방의 논제도 논박해 낸 것으로 된다. 그러나 상대방이 논증 과정에서 거짓 논거를 사용했을 때에는 그의 논제가 꼭 거짓이라고 단언할 수 없다. 이런 경우에는 상대방의 논거를 논박해 냈다 하더라도 상대방의 논제를 논박해 낸 것으로 되지 않는다.

예를 들면 '목성에는 위성이 있다. 왜냐하면 모든 행성에는 위성이 있으며 목성은 행성이기 때문이다'라는 논증을 논박할 때 금성은 행성이지만 위성이 없다는 사실로써 '모든 행성에는 위성이 있다'는 상대방의 논거가 거짓임을 제시하여 논박할 수 있다. 이리하여 상대방의 논거는 논박되었다. 그러나 이 논거가 논박되었다 하여 상대방의 논제가 논박된 것은 아니다. 왜냐하면 '목성에는 위성이 있다'라는 논제는 여전히 옳은 판단으로서 이미 천문관측에 의하여 그 진리성이 실증되었기 때문이다.

이로부터 알 수 있는 바와 같이 논거에 대한 논박은 다만 전제(논거)를 부정했을 뿐 결론(논제)까지 부정한 것으로는 되지 않는다. 그러므로 상대방의 논제가 거짓임을 증명하려면 반드시 상대방의 논제를 직접 논박해야 한다.

논증방식에 대한 논박

논증방식에 대한 논박은 상대방이 든 논거로는 상대방이 증명하려는 논제를 추리해 낼 수 없다는 것을 제시하는 방식이다.

예를 들어 '현배는 학교에서 공부를 제일 잘하는 학생이다. 왜냐하면 3반은 학교에서 공부를 제일 잘하는 반이고 현배는 바로 3반의 학생이기 때문이다'라는 논증의 논증방식을 논박하기로 하자.

이 논증방식은 삼단논법의 형식을 적용하고 있다. 즉 '3반은 학교에서 공부를 제일 잘한다. 현배는 3반에 있다. 그러므로 현배는 학교에서 공부를 제일 잘하는 학생이다.'

그런데 이 추리는 삼단논법의 제1규칙을 위반하고 있다. 다시 말하면 첫 번째 전제(대전제)의 매개념 '3반'은 3반 전체를 가리키는데, 두 번째 전제(소전제)의 매개념 '3반'은 3반 내의 한 개인을 가리키고 있어 '사개명사의 오류'를 범한 것이다. 그러므로 이 두 전제로부터 '현배는 학교에서 공부를 제일 잘하는 학생이다'라는 논제를 추리해 낼 수 없다. 이리하여 이 논증의 논증방식은 논박된 것이다.

논증방식에 대한 논박에 있어서 유의해야 할 점은 상대방의 논증방식을 논박해 냈다 하여 상대방의 논제도 꼭 논박해 낸 것으로는 되지 않는다는 것이다.

위에서 든 예에서 상대방의 논증방식은 논박해 냈지만 '현배는 학교에서 공부를 제일 잘하는 학생이다'라는 논제는 논박해 냈다고 할 수 없다. 왜냐하면 '현배는 학교에서 공부를 제일 잘하는 학생이다'라는 것이 사실일 수도 있기 때문이다.

그러므로 이런 경우에 논증방식에 대한 논박은 다만 상대방이 사용한 논증방식이 논리적 규칙을 위반하여 그것으로부터 논제를 추리해 낼 수 없다는 것을 제시할 뿐, 상대방의 논제도 거짓이라는 것을 논박했다고 할 수 없다. 실제로 어떤 것은, 논제는 진리인데 다만 그 논증방식만이 오류일 수도 있는 것이다.

9. 변호란 무엇이며, 궤변이란 무엇인가?

변호란 자기가 제기한 논제가 상대방에게 논박되었을 때 자기의 논제의 진리성을 확증하기 위하여 다시금 진행시키는 논증이다.

우리는 일상생활 속에서 자기가 제시한 논제가 상대방에게 논박당하여 자기의 논제의 진리성을 다시금 논증하지 않으면 안 되는 경우에 흔히 부딪치게 된다. 이리하여 진행되는 변호는 상대방의 주장에 대하여 말하면 역시 일종의 논박이다. 그러므로 논박의 방법은 변호에도 적용된다.

궤변이란 논리법칙을 위반하면서 거짓 명제를 고의적으로 '논증'하는 것이다.

궤변은 일반적인 논증과는 달리 그 어떤 진리성을 논증하는 것이 아니라 그 어떤 거짓 논제의 '진리성'을 '논증'함으로써 남을 속이려는 목적을 가진 것이다.

예를 들면 고대 희랍의 궤변론자 제논은 '운동하고 있는 물체는 영원히 목적지에 도달할 수 없다'는 거짓 명제를 '논증'함으로써 운동의 존재를 부정하는 목적에 도달하려고 시도했다. 그는 다음과 같이 '논증'했다.

"운동하는 물체는 목적지까지 도달하기 전에 반드시 전체 거리의 절반을 가야 한다. 그러나 이 절반까지 도달하기 전에 또 반드시 이 절반의 절반을 가야 한다. 이와 같이 절반의 절반씩 무한히 나누어 놓으면 운동하는 물체는 영원히 끝없이 나누어진 그 '절반' 속에 있게 되므로 목적지에 영원히 도달할 수 없다."

이와 같이 궤변은 거짓 논제를 '논증'하는 것이다.

궤변은 무의식적으로 범하는 논리적 오류와는 달리 고의적으로 범하는 논리적 오류이므로 가장 나쁜 논리적 오류라고 해야 할 것이다.

궤변의 수법에는 여러 가지가 있는데, 주로 다음과 같은 몇 가지가 많이 쓰인다.

논제를 슬그머니 바꿔 놓는 수법

예를 들면 아버지는 고등학교에 다니는 아들에게 이렇게 꾸짖었다.

"넌 내가 집에 없기만 하면 담배를 피우는구나! 종아리 걷어라!"

그러자 아들은 이렇게 대답했다.

"아버지 한번만 용서하세요. 앞으로는 아버지가 집에 계실 때 담배를 피우겠어요!"

이 예에서 아들의 대답은 분명한 궤변이다. 아버지의 꾸짖음의 논제는 '담배를 피우지 말라'는 것인데, 아들은 그것을 '담배를 피우되 몰래 피우지 말라', 즉 '아버지 앞에서 내놓고 피우라'는 논제로 바꿔 놓았다.

논거를 날조하는 수법

예를 들면 한 바람둥이가 자기의 방탕한 행위를 정당화하기 위하여 이렇게 말했다.

"자고로 영웅은 호색가 많다. 바람을 피운 것은 내가 영웅이라는 것을 증명하는 것이다."

이것도 역시 분명한 궤변이다. '영웅은 호색가가 많다'라는 논거는 순전한 날조로서 사실에 맞지 않는 것이다.

순환적 논증의 수법

예를 들면 중세의 관념론자들은 '하느님이 존재한다'는 것을 다음과 같이 논증했다.

'우리는 하느님을 생각할 때 하느님을 가장 아름다운 존재라고 생각한다. 그런데 가장 아름답다는 것은 무엇보다도 먼저 존재하는 것이다. 왜냐하면 존재하지 않는 것은 분명히 완전한 아름다움을 가질 수 없기 때문이다. 그러므로 우리는 반드시 존재를 하느님의 아름다움 속에 넣어야 한다. 그러므로 하느님은 분명히 존재하는 것이다.'

이 예에서 그들은 '하느님은 존재한다'라는 논제를 '논증'하기 위하여 '하느님은 가장 아름답다'는 논거를 썼고, 또 '하느님은 가장 아름답다'는 것을 '증명'하기 위하여 '하느님은 존재한다'는 논거를 썼다. 이것은 전형적인 순환논증이다.

기계적 유비의 수법

예를 들면 과거 일부 친일파들은 일본 제국주의를 위해 변호하면서 식민지 모국과 식민지의 관계를 부모와 자녀의 관계로 유비하고, 부모와 자녀간에 사랑과 복종의 관계가 있으므로, 식민지 모국과 식민지 사이에도 사랑과 복종의 관계가 유지되어야 한다고 떠벌였다.

이것은 기계적 유비의 수법으로 날조된 궤변이다. 여기에서의 논거는 논제와 본질적으로 다른 것이다. 그러므로 이런 논거로부터 절대 그런 논제를 추리해 낼 수 없는 것이다.

이상의 몇 가지 수법 외에도 억지로 우겨대는 수법, 일면적인 것으로 전체를 대체하는 수법, 사개념 수법, 환위 수법, 부당긍정 수법, 두 전제 부정 수법, 부주연 수법 등등이 있다.

연습문제

1. 다음의 글의 논증 구조를 분석하고, 그 논제와 논거, 논증방식을 제시하라.

　(1) 옛날에 어떤 젊은이가 머슴살이를 떠나면서, 몇 년 동안 끼니를 굶어 가며 모은 돈 백 냥을 마을의 한 노인에게 맡기면서 가을까지만 보관해 달라고 부탁했다.
　가을이 되어 젊은이가 돌아와, 맡겼던 돈 백 냥을 돌려달라고 했더니 탐욕스런 노인은 "내가 언제 자네 돈을 받은 일이 있었는가?" 하고 딱 잡아떼는 것이었다. 그래서 젊은이는 하는 수 없이 이 일을 관청에 심판해 달라고 제소했다.
　고을 사또는 두 사람을 불러 놓고 묻기 시작했다.
　"영감, 당신은 이 젊은이의 돈을 받은 일이 있소?"
　"아닙니다, 그런 일이 전혀 없습죠."
　노인이 손을 저으며 대답했다.
　"젊은이, 자네는 이 영감에게 돈을 맡겼다는 증인이 있는가?"
　"없습니다."
　젊은이는 머리를 가로저으며 맥없이 대답했다.
　"자넨 돈을 어디에서 이 영감에게 맡겼는가?"
　"동구 밖 큰 소나무 밑에서 맡겼습니다."
　젊은이가 즉시 대답했다.
　"이건 모함입지요! 저는 맹세코 저 사람의 돈을 맡은 일이 없습니다."

노인은 억울하다는 듯이 큰소리로 말했다.

"증인도 없이 자네가 돈을 맡겼다는 것을 누가 증명한단 말이냐! 그런즉 그 소나무한테 가서 증명서를 받아오너라!"

사또는 젊은이를 쏘아보며 엄명했다.

그 소나무가 어떻게 증명서를 쓸 수 있겠는가? 영감은 속에서 웃음주머니가 흔들흔들했으나 꾹 참으며 정색을 하고 있었다.

젊은이가 떠난 지 거의 30분이 지났을 때였다.

사또는 영감을 보고 상냥하게 웃으면서 물었다.

"이젠 소나무한테 거의 갔을까요?"

"천만에요, 아직 멀었습니다."

노인이 즉각 대답했다.

거의 한 시간이 지난 후에 사또가 다시 물었다.

"한 시간이나 지났으니 소나무한테로 다 갔겠지요?"

그러나 노인은 "예, 인제 도착했을 겁니다!"하고 대답했다.

거의 두 시간이 지나서야 맥없이 돌아온 젊은이는 사또 앞에서 머리를 숙인 채 아무 말도 못하고 있었다.

영감은 돈 백 냥을 땀 한 방울 흘리지 않고 떼어먹었구나 하고 생각하니 마음이 흐뭇했다.

그런데 뜻밖에 사또가 "이 몹쓸 영감!"하고 벼락 같은 호령을 하더니 이렇게 말하는 것이었다.

"그 소나무 밑에서 돈을 받지 않았다면 어떻게 그 소나무가 어디에 있으며, 또 여기에서 얼마나 먼 곳에 있는가를 알 수 있는가? 그런즉 영감은 젊은이의 돈을 떼어먹자는 수작이 확연하다!"

탐욕스러운 노인은 현명한 사또 앞에서 꼼짝없이 자기의 죄를 인정하지 않을 수 없었다.

(2) 미국의 링컨은 대통령으로 취임하기 전에 한때 변호사업에 종사한 적이 있었다.

한번은 그가 자신의 친구 아들인 암스트롱의 변론을 맡게 되었다. 예심을 거쳐 법원에서는 암스트롱이 남의 재물을 탐내어 살인을 저질렀다고 판결했다.

링컨은 피고인의 변호인 신분으로 이 사건과 관련된 모든 조사자료들을 일일이 탐독한 다음 법원에 정식으로 재심을 청구했다.

이 사건의 증인은 풀슨이라는 사람이었는데, 그의 증언에 의하면 사건의 진상은 이러했다.

어느 날(음력으로 9월 8일 혹은 9일) 밤 11시에 풀슨은 야외에서 암스트롱이 피해자를 쏴 죽이는 것을 직접 두 눈으로 보았다는 것이다.

미국 법원의 관례에 따라 피고의 변호인인 링컨은 원고측의 증인 풀슨을 재판정에서 심문했다.

풀슨 "물론이지요, 틀림없는 암스트롱이었지요!"
링컨 "그때 당신은 풀더미 뒤에 있었고 암스트롱은 큰 소나무 밑에 있었다는데 그 거리가 30미터나 됩니다. 그런데 당신은 암스트롱을 똑똑히 알아보았단 말이지요?"
풀슨 "그렇다마다요, 똑똑히 알아보았지요. 그날은 마침 밝은 달밤이었으니까요!"
링컨 "옷차림새만 보고 잘못 판단한 것이 아닐까요?"
풀슨 "천만에요, 절대 그렇지 않아요. 난 그의 얼굴을 똑똑히 보았어요. 달빛이 그의 얼굴을 환히 비추었는데 내가 잘못 볼 리가 없지요!"
링컨 "그때가 틀림없는 11시라는 것을 당신은 맹세할 수 있습니까?"

　　풀슨 "백 번이고 천 번이고 맹세하지요. 왜냐하면 내가 집에 들어와 보니 11시 10분이었으니까요!"

　여기까지 묻고 난 링컨은 돌아와서 배심원들에게 "배심원 여러분, 저는 이 증인이 순전한 사기꾼이라고 확신합니다"라고 서두를 떼고 나서 변론을 시작했다.

　"증인은 암스트롱의 얼굴을 똑똑히 보았다고 했는데, 그날은 음력 8일 혹은 9일이어서 밤 11시면 벌써 달이 진 후이므로 달빛이 피고의 얼굴을 비출 수 없는 것입니다! 그럼에도 불구하고 달빛이 환히 비추어 피고의 얼굴을 똑똑히 보았다는 증언은 터무니없는 날조며, 그것도 30미터나 떨어진 곳에서 알아보았다고 했는데, 그야말로 황당한 거짓말입니다. 풀슨의 이런 증언을 판결의 증거로 삼는다는 것은 아주 우스운 일입니다!"

　링컨의 변론은 방청객들의 갈채를 받았다. 우뢰와 같은 박수소리와 떠나갈 듯한 환호성 속에서 풀슨은 기가 죽어 고개를 들지 못했다. 분명한 사실 앞에서 풀슨은 원고에게 매수되어 거짓 증언을 했다는 사실을 실토하고, 암스트롱은 그 자리에서 무죄로 석방되었다.

　이로 인해 링컨은 전국적으로 유명한 변호사가 되었다.

2. 아래 논증들의 오류는 어디에 있는가?

　(1) 우리는 자기 수양을 게을리해서는 안 된다. 왜냐하면 자기 수양을 게을리하는 것은 나쁘기 때문이다. 자기 수양을 게을리하는 것은 왜 나쁜가? 그것은 사람마다 자기 수양을 게을리해서는 안 되기 때문이다.

(2) "문학작품으로서의 역사소설도 예술적 허구가 있어야 한다"는 민수의 주장에 대하여 철규는 다음과 같이 말했다. "나는 민수의 견해에 동의하지 않아. 우리가 어찌 민수처럼 역사소설은 주로 예술적 허구라고 할 수 있겠니?"

(3) 어떤 사람은 이렇게 말했다. "논리학은 공부할 필요가 없다. 왜냐하면 개념, 판단, 추리, 논증에 관한 논리 지식은 다른 과목들을 공부할 때 함께 배우면 시간도 절약되거니와 효과도 더 좋을 수 있기 때문이다."

(4) 늑대는 오래 전부터 강가에 와서 물을 마시는 새끼 양을 잡아먹으려고 생각했다. 그런데 무턱대고 잡아먹으면 늙은 양들이 몰려와서 귀찮게 할 것이므로, 궁리하고 궁리하던 끝에 한 가지 구실을 생각해 냈다.

늑대는 새끼 양 곁에 다가와서 고함치듯 꾸짖었다.

"어른이 물을 마시려는데 넌 왜 물을 흐리는 거야?"

그러자 새끼 양은 상냥하게 말했다.

"물은 아래로 흐릅니다. 아저씨는 위에 있고 저는 아래에 있는데 제가 어찌 물을 흐린단 말입니까?!"

늑대는 하는 수 없이 다른 구실을 찾아냈다.

"보아하니 넌 아주 예절이 없더구나! 지난해 봄에도 넌 이 어른을 만나서 인사도 안 하고 버릇없이 입을 쫙 벌리고 하품만 하더구나! 너처럼 버르장머리 없는 놈은 잡아먹는 것이 지당하다!"

말이 끝나자 새끼 양은 "늑대 어른, 전 올봄에 태어났는데 어떻게 지난해 봄에 어르신을 만날 수 있단 말입니까?"라고 논박했다.

"엉? 옳아, 그렇지. 그렇지만 네 어미가 버릇이 없으니까 너 역시 예절 없는 놈이지!"

늑대는 새끼 양이 대답할 새도 없이 잡아먹어 버렸다.

3. 아래에 열거한 논박의 구조를 분석하고 그 논박 방식을 제시하라.

 (1) 학창시절에 다정히 지내던 세 친구가 있었는데 학교를 졸업한 후, 한 사람은 집이 가난하여 공장에 취직하고, 다른 한 사람은 수도하려고 입산하여 스님이 되고, 또 한 사람은 권세있는 애비 덕에 대기업에 취직했다.

 하루는 공장에 취직한 친구가 옛 동창인 스님을 만나 보려고 오래간만에 절에 찾아왔다. 그런데 스님은 노동자 차림을 하고 초라해 보이는 그를 보더니 본체만체하면서 아주 쌀쌀맞게 대하는 것이었다.

 그런데 바로 이때 공교롭게도 대기업에 다니는 다른 동창생이 볼 일이 있어 역시 이 절에 찾아왔다. 스님은 양복차림을 하고 돈이 많아 보이는 동창생을 보자 만면에 상냥한 웃음을 띠면서 깍듯이 인사하며 공손히 맞이하는 것이었다.

 너무 괘씸하게 생각된 노동자 친구는 스님을 조용한 곳에 불러 낸 뒤 따졌다.

 "자넨 왜 그 사람은 그렇게 반갑게 대하고 나한텐 그렇게 쌀쌀맞게 대하는가?"

 그러자 스님은 이렇게 대답하는 것이었다.

 "헤헤, 오해하지 말라구! 그래 자넨 나의 성미를 아직 모르는 것 같군. 난 원래 겉으로 반갑게 대하는 사람은 속으로 쌀쌀맞게 대하고, 또 속으로 반갑게 대하는 사람은 겉으로는 쌀쌀맞게 대한다네."

이 말을 듣고 난 노동자 친구는 지팡이를 들고 스님의 머리를 사정없이 내리치면서 말했다.

"자네 말대로 하면 내가 자네를 때리는 건 자네를 사랑하는 것이고 자네를 때리지 않는 건 자네를 사랑하지 않는 것이야! 그런즉 난 자네를 때리지 않을 수 없네! 이건 내가 자네에게 주는 사랑의 매야. 그러니 오해하지 말라구!"

그리하여 스님은 찍소리도 못하고 사랑의 매를 맞았다.

(2) 어느 한 신문에는 다음과 같은 기사가 실렸다.

법정에서는 유산 상속사건이 심리되고 있었다. 당사자인 조씨는 공증문서를 내보이며 말했다.

"이 공증문서에 따라 죽은 남편의 유산은 몽땅 내가 상속받아야 합니다!"

재판장은 머리를 가로저었다.

"그럼, 이 공증문서가 무효란 말입니까?" 하고 조씨가 따졌다.

재판장은 공증문서의 사본을 가리키면서 말했다.

"이 공증문서에는 법정 상속인인 사망자의 모친이 빠졌습니다."

그러자 조씨는 벌떡 일어서서 공증문서의 한 단락을 읽어 내려갔다.

"장씨는 1985년 3월 7일에 사망했다. 장씨에게는 집 세 채가 있는데 생전에 유서나 유언을 남기지 않았다. 법률 규정에 근거하여 사망자 장씨의 유산은 그의 처에게 상속되어야 한다……."

그러자 재판장은 엄숙하게 말했다.

"상속법의 규정에 의하면 부모는 자녀의 유산을 상속받을 권리가 있는 것입니다. 장씨의 모친은 장씨의 법정 상속인인데 이를 빠뜨린 것은 공증문서의 큰 실수라고 하지 않을 수 없습니다."

조씨는 계속 우겼다.

"공증할 때 장씨의 모친은 먼 외지의 딸집에 가고 없었지요!"

"그의 상속권은 거주지의 일시적 변경에 의하여 취소되는 것이 아닙니다"라고 재판장은 타일렀다.

조씨는 더욱 언성을 높이며 항의했다.

"그는 장씨와 한 집에서 살지 않고 떨어져 홀로 생활했어요!"

재판장은 단호하게 잘라 말했다.

"그건 상속액의 많고 적음에 관한 문제이지 그의 상속권을 부인하는 이유로는 될 수 없는 것입니다."

조씨는 더 들이댈 이유가 없게 되어 멍하니 천정만 쳐다보고 있었다.

(3) 중국의 저명한 작가 노신의 「문학과 땀」이라는 글에는 다음과 같은 논박문이 있다.

상해의 한 교수(어용문인 양실추)는 사람들에게 문학을 강의할 때 문학은 마땅히 영구불변한 인간성을 묘사해야 하며 그렇지 못할 때에는 영원히 존재하지 못한다고 했다. 예를 들면 영국에서 세익스피어와 그외 몇몇 사람은 영구불변한 인간성을 그렸기 때문에 그들의 작품이 지금까지 읽혀지고 다른 사람들은 그러지 않았기 때문에 그들의 작품이 모두 소멸되었다고 했다.

이것이야말로 "당신이 말하지 않을 때에는 그래도 알만하던 것이 당신이 말하니 더욱 혼동되어 모르겠소"라고 한 말과 같다. 영국에 전해지지 못한 이전의 글이 많다는 것은 있을 수 있는 일이라고 나는 생각한다. 하지만 그것들의 소멸이 영구불변한 인간성을 쓰지 않았기 때문이란 것은 꿈에도 생각하지 못했다. 지금 비록

이 점은 알았다고 하지만 다른 한 가지, 즉 그것들은 이미 소멸되었을진대 오늘의 교수는 무엇을 보고 거기에 씌어진 것이 영구불변한 인간성이 아니라고 함부로 단정하는가 하는 점은 도무지 납득하지 못하겠다.

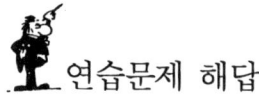연습문제 해답

1. (1) 논제 : 그 소나무 밑에서 돈을 받았다.
    논거 : 그 소나무 밑에서 돈을 받지 않았다면(논제와 대립되는 논제) 그 소나무가 어디에 있으며 또 얼마나 먼 곳에 있는가를 모를 것이다. 그런데 그 노인은 이것을 알고 있다.
    논증방식 : 귀류적 논증이다(논제와 대립관계에 있는 판단이 거짓임을 확증함으로써 논제의 진리성을 논증했다).
   (2) 논제 : '풀슨은 사기꾼이다.'
    논거 : '그날은 음력 8일 혹은 9일이어서 밤 11시면 달이 진 후이므로 달빛이 피고의 얼굴을 비출 수 없다.'
    논증방식 : 직접적 논증이다(위의 논거로 '밝은 달밤이어서 피고의 얼굴을 똑똑히 보았다'는 풀슨의 거짓말을 직접 논증했다).

2. (1) 이 논증은 먼저 논거로 논제를 증명하고 또 논제로 논거를 증명했다. 이것은 '순환논증'의 오류를 범한 것이다.
   (2) 철규의 논증은 바로 '논제 교체의 오류'를 범한 것이다.

그는 민수가 제시한 논제 '역사소설도 예술적 허구가 있어야 한다'는 것에 대해 논의한 것이 아니라 '역사소설은 주로 예술적 허구라고 할 수 없다'는 다른 한 논제로 바꿔 놓았던 것이다. '역사소설도 예술적 허구가 있어야 한다'와 '역사소설은 주로 예술적 허구다'는 같지 않은 두 가지 판단인 것이다.

(3) 이 논증에서 원래의 논제는 '논리학은 공부할 필요가 없다'인데, 후에는 '논리학은 다른 과목들과 함께 공부할 수 있다'는 논제로 바뀌었다. 그러므로 이것도 '논제 교체의 오류'를 범했다.

(4) 늑대의 '이유'는 그야말로 '강도적 논리'다.

새끼 양이 하류에서 물을 마신 것으로부터 새끼 양이 상류의 물을 흐렸다는 판단을 끌어낼 수 없고, 어미 양이 예절이 없다는 것으로부터 새끼 양도 예절이 없다는 판단을 끌어낼 수 없다.

설사 새끼 양이 예절이 없다 하더라도 이것으로부터 잡아먹어야 한다는 판단을 끌어낼 수 없는 것이다.

여기에서 늑대는, 논거는 반드시 논제의 충족한 이유로 되어야 한다는 논증의 둘째 규칙을 위반한 것('논거 부족의 오류')이다.

3. (1) '겉으로 반갑게 대하는 것은 속으로 쌀쌀맞게 대하고 속으로 반갑게 대하는 것은 겉으로 쌀쌀맞게 대한다'는 상대방의 논제를 진리라고 가정한 후, 이로부터 '때리는 건 사랑하는 것이고 때리지 않는 건 사랑하지 않는 것이다'라는 황당한 논제를 끌어냄으로써 상대방의 논제를 논박했다.

그 논증방식은 귀류법을 운용한 간접적 논박이다.

이것은 논거에 대한 논박의 방식이다.

(2) 재판장은 우선 조씨의 논거로 쓰인 공증문서가 합법적이지 않다는 사실을 제시한 다음 조씨가 제기한 논거 '공증할 때 먼 외지의 딸집에 가 있었다', '한 집에서 살지 않고 떨어져 홀로 생활했다'는 논거들을 논박함으로써 '유산을 내가 계승해야 한다'는 조씨의 논제가 성립될 수 없다는 것을 증명했다.

이것은 논거에 대한 논박의 방식이다.

(3) 양실추의 논제는 '문학은 마땅히 영구불변한 인간성을 묘사해야 하며 그렇지 못할 때에는 오래도록 존재하지 못한다'는 것이다.

양실추의 논거는 어떤 작품들이 영구불변한 인간성을 쓰지 않았기 때문에 '모두 소멸되었다'는 것이다.

노신은 '그것들은 이미 소멸되었을진대 오늘의 교수는 무엇을 보고 거기에 씌어진 것이 영구불변한 인간성이 아니라고 함부로 단정하는가'라고 했는데, 이것은 양실추의 논거가 거짓임을 밝힌 것이다.

이와 같이 논거가 거짓임이 밝혀지니 그 논제도 거짓으로 되었다.

이것도 논거에 대한 논박의 방식이다.